Ulla-Britta Chimara • Ágnes Einhorn • Diana Gelegonya • Ágnes Magyar
Enikő Rabl • Wolfgang Schmitt • Anna Szablyár

Deutsch mit Grips 1

Lehrwerk für Jugendliche
ARBEITSBUCH

Ernst Klett Sprachen
Barcelona • Budapest • London • Posen • Sofia • Stuttgart

QUELLENVERZEICHNIS

S. 19 Auszug aus: Mirjam Pressler, Bitterschokolade. 1980 Beltz Verlag, Weinheim und Basel, Programm Beltz & Gelberg, Weinheim ● S. 22 Stoffwechsel. Nach: JUMA 3/1996, Fotos: Klaus Lipa ● S. 28 Interview nach: Specht (Schülerzeitung der Augustiner-Realschule Hillesheim) Nr. 4/1990 ● S. 29 Fremde Kulturen – andere Länder. Die Welt ruft. Nach: Der Wurm (Schülerzeitung der Rudolf-Hildebrand-Schule Leipzig) Jg. 2 Ausgabe 7 ● S. 37 Ein Spiel ohne Sieger. © Hans-Peter Sibler, Christoph Riemer ● S. 42 Zeitungsartikel in: Brigitte Peter, Ufo. Aus: Hans-Joachim Gelberg (Hrsg.), Am Montag fängt die Woche an. 1973 Beltz Verlag, Weinheim und Basel, Programm Beltz & Gelberg ● S. 48 PONS Basiswörterbuch Deutsch als Fremdsprache. Das einsprachige Lernerwörterbuch. Ernst Klett International Stuttgart 1999, S. 332 ● S. 49 Othmar Wagner, Über die Schule. Eine Geringschätzung. Aus: Junge Literatur aus Österreich '80, Wien, Österreichischer Bundesverlag 1981 ● S. 50 Christina Weichselbaumer, 75 Stunden Unterricht. © TOPIC 10/96 ● S. 60 Text nach: JUMA 2/1990 ● S. 63 Gefällte Linde kommt Baufirma teuer. Nach: Süddeutsche Zeitung v. 29.08.1990 ● S. 72 Sophie Martinetz, Mein Wunschtier. Aus: Jahresbericht GRG IV, Wien 1989/90 ● S. 81 Katrin Laackmann, Der Powerplan. Aus: Süddeutsche Zeitung v. 04./05.06.1995 ● S. 89 Zeichnung aus: extra/tour 4/96 ● S. 90 Anzeigen aus Jugendherberge, Hrsg. Deutsches Jugendherbergswerk ● S. 99 Jürgen Münnich. Erzieher. Nach: JUMA 1/92 ● S. 100 Texte aus: Magdalene Köster, Nix wie weg. Anderswo ganz anders leben. © Deutscher TaschenbuchVerlag, München, S. 127, S. 153–154

Trotz unserer Bemühungen ist es uns nicht gelungen, alle Inhaber von Text- und Bildrechten zu ermitteln. Für entsprechende Hinweise ist der Verlag dankbar.

Das Lehrwerk folgt der reformierten Rechtschreibung. Ausnahmen bilden Texte, bei denen künstlerische, philologische oder lizenzrechtliche Gründe einer Änderung entgegenstehen.

Piktogramm:

 Grammatik

1. Auflage A1 ⁵ ⁴ ³ | 2007 2006 2005 2004 2003

Alle Drucke dieser Auflage können im Unterricht nebeneinander benutzt werden, sie sind untereinander unverändert. Die letzte Zahl bezeichnet das Jahr des Druckes.

© Ernst Klett Sprachen GmbH, Stuttgart 2002
Alle Rechte vorbehalten

Projektleitung und Redaktion: Jürgen Keicher, Enikő Rabl
Gestaltung und Satz: Gábor Puiz
Zeichnungen: Zoltán Simon
Fotos: György Török, Tibor Tóth

Druck: Regia Rex Nyomda, Székesfehérvár
Printed in Hungary

Internetadresse: www.edition-deutsch.de
E-Mail: edition-deutsch@klett-mail.de

ISBN 3-12-**675581**-x

1. Ein Tag mit dir
S. 7

Lesen
Texten Informationen entnehmen

Sprechen
über den Tagesablauf sprechen;
Ausreden finden

Schreiben
einen Brief beantworten

Wortschatz
Aktivitäten;
Orte;
Zeitbegriffe

Grammatik
Vergangenes ausdrücken:
Perfekt

2. Einfach tierisch
S. 17

Lesen
Lexikoneinträge vergleichen

Hören
durch W-Fragen Informationen entnehmen

Sprechen
Sympathie und Unsympathie ausdrücken;
begründen und erklären

Schreiben
einen Brief zusammensetzen

Wortschatz
Gruppierung und Charakterisierung von Tieren

Grammatik
Fragen stellen:
W-Fragen
Gründe, Ursachen angeben, Erklärungen geben:
weil, denn

3. In oder out?
S. 26

Lesen
Jugendroman:
Bitterschokolade;
Jugendmagazin:
Stoffwechsel;

Sprechen
Personen beschreiben;
Dialoge gestalten

Schreiben
Plakate mit Beispielsätzen erstellen

Wortschatz
Meinung über Mode;
Kleidungsstücke

Grammatik
Aussehen und Eigenschaften beschreiben:
Adjektivdeklination

Zeit für Hobbys	*Lesen* Interviews aus Schülerzeitungen *Hören:* Details verstehen *Sprechen* Interviews machen; sich etwas vorstellen; Situationsspiel: sich einigen *Schreiben* in einem Brief über ein Hobby berichten	*Wortschatz* Gruppierung von Aktivitäten, Zeitbegriffe	*Grammatik* Fragen einleiten: *indirekte Frage;* Wortbildung: *Ableitung und Zusammensetzung;* Wünsche, Absichten äußern, Irreales ausdrücken: *Konjunktiv II (sein, haben, Modalverben); würde + Infinitiv*
4 S. 34			
Spielst du gern? Dann mach doch mit!	*Lesen* Spielbeschreibungen; Zeitungsmeldung: *Geheimnisvolles Ufo* *Schreiben* zu einer Schlagzeile Kurzmeldung verfassen *Sprechen* Spielregeln besprechen	*Wortschatz* Benennung von Spielen und Spielzeugen, Erklärung der Spielregeln	*Grammatik* etwas näher bestimmen: *Relativsätze*
5 S. 44			
Wie Schule sein soll	*Lesen* Gedicht: O. Wagner: *Über die Schule;* Zeitungsbericht: *75 Stunden Unterricht* *Sprechen* Geschichten aus der Schule erzählen *Schreiben* einen Stundenplan ausfüllen; zu einem Bild eine Geschichte erfinden	*Wortschatz* Schulsachen, Schulleben, Schulgebäude beschreiben	*Grammatik* Vergangenes ausdrücken: *Präteritum;* Vorschriften, Verbote ausdrücken
6 S. 52			

7 — Bücher sind wie große Ferien
S. 61

Lesen
Inhaltsangabe:
Jakob ist kein armer Vogel

Sprechen
über Interessen erzählen;
ein diskretes Interview machen

Schreiben
einen Text kürzen;
Märchentelegramme erfinden

Wortschatz
Ausdrücke zu Lesen und Fernsehen;
Wiedergabe von Inhalten

Grammatik
sich-Verben;
Wortbildung: *Zusammensetzung*

8 — Halb Ware, halb Müll
S. 70

Lesen
Aufruf;
Zeitungsbericht:
Gefällte Linde kommt Baufirma teuer

Sprechen
zu Schlagzeilen Hypothesen aufstellen

Schreiben
Tipps formulieren

Wortschatz
Begriffe zu Umweltproblemen und Umweltschutz

Grammatik
Unpersönliches ausdrücken:
Passiv (rezeptiv);
Wortbildung: *Zusammensetzungen*

9 — Wie läuft es eigentlich bei euch?
S. 78

Lesen
Schülertext:
Mein Wunschtier

Sprechen
Erwartungen, Vorstellungen, Wünsche formulieren;
Vorschläge machen;
auffordern;
Situationsspiel: mit den Eltern diskutieren

Schreiben
Gedanken über Irreales aufschreiben;
zwei Briefe ordnen;
in einem Brief Probleme schildern

Wortschatz
Diskussionswortschatz;
Eigenschaften von A bis Z

Grammatik
Irreales ausdrücken:
Konjunktiv II im Konditionalsatz;
Wünsche äußern:
Konjunktiv II im Wunschsatz;
Höflich auffordern mit *Konjunktiv II*

10 — Warst du schon mal in Fantasia? — S. 87

Lesen
Tagesablauf: *Der Powerplan*

Sprechen
Interview über Wünsche und Träume führen; vergleichen

Schreiben
zu einem Bild eine Geschichte erfinden; einen Gegenstand beschreiben; einen Powerplan erstellen; Rekorde auflisten

Wortschatz
Wortfelder zu Traum und Fantasie

Grammatik
Eigenschaften differenzierter ausdrücken und vergleichen: *gesteigerte Adjektive; Vergleichssatz*

11 — Jugendliche unterwegs — S. 94

Lesen
Gespräch über einen Ausflug; Anzeigen

Sprechen
Wörter erklären

Schreiben
ein Tour-Programm entwerfen; einen Brief über eine Reise schreiben; Informationen in einem Brief einholen

Wortschatz
Reisevorbereitungen; auf dem Bahnhof; auf dem Flughafen

Grammatik
Lokalbestimmungen: *Präpositionen;* Gebrauch der Ländernamen und der geografischen Namen

12 — Wenn das Taschengeld nicht reicht — S. 103

Lesen
Stellenanzeige; Interview: *Jürgen Münnich. Erzieher*

Sprechen
Begründungen und Erklärungen finden; über Vorteile und Nachteile sprechen

Schreiben
einen offiziellen Brief ergänzen; über die Arbeit berichten

Wortschatz
Ausdrücke zu Geld und Arbeit

Grammatik
Texte verstehen und erstellen: *zusammengesetzte Sätze; Subjunktoren und Konjunktoren*

LEKTION 1

Ein Tag mit dir

1. Der Alltag von Paul → KB 10/1

Ergänze die Verben in der richtigen Form. Das Tagebilderbuch im Kursbuch hilft dir dabei.

> waschen • frühstücken • abfahren • treffen • schreiben • sein • trainieren • ~~haben~~
> gehen • trinken • warten • beginnen • geben • sich unterhalten • lesen • klingeln • essen
> losgehen • sprechen • aufpassen • lernen • sich informieren

Paul _hat_ einen roten Wecker. Der _____ heute schon um Viertel nach sechs, weil Paul sich vor der Schule noch die Haare _____ will.
Nach dem Duschen _____ er in die Küche und _____ . Am liebsten _____ er Butterbrot mit Marmelade oder Käse und _____ ein Glas Milch dazu. Dann muss er aber _____ , weil der Bus um zwanzig nach sieben _____ . An der Haltestelle _____ schon viele Leute. Vor der Schule _____ Paul einige Klassenkameraden und sie _____ noch zehn Minuten über das Rockkonzert vom Wochenende. Dann _____ der Unterricht. In Deutsch müssen sie heute einen Aufsatz _____ . Das Thema _____ : „Mein Alltag". In Mathe _____ Paul besonders gut _____ , denn morgen soll es einen Test _____ .
In der Mensa _____ er _____ mit seinen Freuden über den neuen Sportlehrer. Am Nachmittag _____ Paul in der Sporthalle mit seiner Mannschaft für das Spiel am Samstag. Dann _____ er für den Mathetest. Am Abend _____ er Zeitschriften, denn er will _____ gern über die neuesten Trends _____ .

2. Ordne deinen Alltag.

Nimm die Verben aus dem Kasten in Übung 1 und finde noch andere.

Am Morgen	stehe ich um _____ Uhr auf. Dann ...
Am Vormittag	bin ich in der Schule. Dort ...
Am Mittag	
Am Nachmittag	
Am Abend	

7

3. Und gestern?

Stellt einander Fragen.

Beispiel: *Wann **bist** du gestern **aufgestanden**?*
*Was **hast** du gestern _____ ?*

A		B
Wann?	aufstehen	Um …
Was?	essen	
	trinken	
Wie?	gehen	Zu Fuß.
	fahren	
Um wie viel Uhr?	machen	
	bleiben	
Hast / Bist du …?	fernsehen	Nein, ich habe / ich bin …
	lesen	
_____	lernen	
	spielen	
_____	schlafen	

Wenn wir über Vergangenes sprechen, verwenden wir meist Perfekt:

	Hilfsverb *(sein/haben)*	**+**	*Partizip II-Form* *des Verbs*
Ich	bin	um 7 Uhr	aufgestanden.
Ich	habe	ein Glas Milch	getrunken.

4. Perfekt

Ordne die Verben von Übung 3.

	ist	*hat*		
A	ist **ge**gang**en**	hat **ge**gess**en**	ge-	-en
	_____	_____		
	_____	_____		
	_____	_____		
B		hat **ge**mach**t**	ge-	-t
	_____	_____		
	_____	_____		

LEKTION 1

a) Wann verwenden wir *sein*, wann *haben* als Hilfsverb?

*Ich **bin** mit dem Bus gefahren.* *Ich **habe** ein Buch gelesen.*
*Sie **ist** früh aufgestanden.* *Wir **haben** Schinkenbrot gegessen.*

b) Bei der Bildung des Partizips kann sich der Verbstamm stark verändern. Suche weitere Beispiele in beide Spalten.

machen – ge**mach**t   **trink**en – ge**trunk**en

sehen – ge**seh**en   **bring**en – ge**brach**t

_____   _____

_____   _____

_____   _____

_____   _____

_____   _____

c) Wie bilden wir das Partizip II bei trennbaren und bei untrennbaren Verben?

*hat fern**ge**sehen*   *hat verstanden*
*hat an**ge**rufen*   *hat bestellt*
*ist an**ge**kommen*

d) Welche Verben verwendet man selten im Perfekt?

● *Warum **hast** du nicht **angerufen**?*
■ *Ich **hatte** keine Zeit.*
● *Ich **habe** auf dich **gewartet**!*
■ *Ich **war** bei Claudia, das **hast** du doch **gewusst**.*
● **Konntest** *du von dort nicht **anrufen**?*

e) In einem Wörterbuch findest du die Stammformen des Verbs. Trage die Formen in die Tabelle ein.

> **essen**; *isst, aß, hat gegessen;*
> **gehen** [geːən]; *ging, ist gegangen;*
> **machen**; *machte, hat gemacht*

Infinitiv	Präsens (3. Person Singular)	Präteritum (3. Person Singular)	Perfekt (3. Person Singular)

5. Ergänze die Tabelle.

arbeiten	*hat gearbeitet*			hat geholfen
anfangen	hat angefangen		hören	
anrufen			kommen	
	hat begonnen		lesen	
bekommen				hat genommen
	ist geblieben		schlafen	
	hat gebracht			hat geschrieben
denken				hat gesessen
essen			sprechen	
fahren			stehen	
	hat gefunden		telefonieren	
fliegen				hat getroffen
geben			vergessen	
gefallen			werden	
gehen				hat gewusst

6. Wieder zu spät

Ergänze die Verbformen.

● Peter, wo wa<u>rst</u> du denn so lange? Ich habe mit dem Essen fast eine Stunde auf dich gew_____.

■ Entschuldige Mutti, ich w_____ bei Hans.

● Bei Hans?

■ Ja, wir haben die Matheaufgaben gem_____.

● Die Matheaufgaben?

■ Ja, ja. Ich habe jetzt viele Probleme, und Hans hat mir etwas geho_____.

● Und warum hast du nicht ange_____?

■ Entschuldige, ich habe es einfach verg_____.

● Und habt ihr was gege_____? Ich habe extra für dich Bohnensuppe gek_____.

■ Toll. Wir hat_____ keine Zeit zum Essen.

● Und seid ihr fertig ge_____?

■ Nein, leider nicht. Am Abend gehe ich noch einmal zu ihm. Vielleicht können wir dann fertig werden.

● Aha. Hans hat übrigens vor einer Stunde ange_____. Er wollte nur wissen, warum du heute nicht in der Schule wa_____.

LEKTION 1

7. *Sein* oder *haben*? Was passt?

a) _____ du auch Milch gekauft? – Entschuldige, die _____ ich leider vergessen.
b) Wann _____ du angekommen? – Erst gestern Abend.
c) Kennst du Helga? – Ja, wir _____ uns bei Gerd kennen gelernt.
d) Warum _____ Luise nicht mitgekommen? – Sie _____ doch nach England gefahren. Weißt du das nicht?
e) _____ du die Fotos mitgebracht? – Oh nein, die _____ ich schon wieder zu Hause vergessen.
f) Wie lange war deine Mutter in Deutschland? – Sie _____ eine Woche geblieben.
g) _____ ihr mit dem Auto gefahren? – Nein, mit dem Zug.
h) _____ ihr lange geschlafen? – Ja, wir _____ erst mittags aufgestanden.

8. Was hat Paul an seinem Ferientag gemacht? → KB 11/2

Das Tagebilderbuch im Kursbuch hilft dir.

~~spät aufstehen~~	Am Morgen *ist er spät aufgestanden.*
frühstücken	Zuerst _____
sich mit Freunden verabreden	Dann _____
ins Schwimmbad gehen	Um 11 Uhr _____
sich bei Carla treffen	Danach haben sie sich _____
Monopoly spielen	Dort _____
im Schnellimbiss Hamburger essen und Cola trinken	Danach _____ _____
sich im Park auf die Wiese legen	Nachmittags _____ _____
mit der Familie Abendbrot essen	Am Abend _____ _____
ins Rockkonzert gehen	So um acht Uhr _____
spät nach Hause kommen	Natürlich _____
noch fernsehen	Obwohl es schon so spät war, _____

9. Was stimmt nicht?

a) Peter ist um 7 Uhr aufgestanden.
Das stimmt doch nicht, er ist ...

b) Gerda ist nach New York gefahren.

c) Inge hat zum Geburtstag einen Pullover bekommen.

d) Peter war am Nachmittag im Kino.

e) Hans hat nur Cola getrunken.

f) Herr Braun ist mit dem Auto gefahren.

10. Ausreden finden

● Mensch, wo warst du denn?
■ Entschuldige, ...

a) Du kommst zu spät zu einem Treffen.
Freundin: Mensch, wo warst du denn?
Du: *Entschuldige, aber ich habe noch schnell* _____ .

b) Du hast dein Hausaufgabenheft vergessen.
Lehrer: Wo sind denn deine Hausaufgaben? Hast du sie überhaupt gemacht?
Du: _____

c) Du gehst bei Rot über die Kreuzung.
Polizist: Wieso bist du bei Rot über die Straße gegangen? Das ist verboten!
Du: _____

d) Du fährst mit dem Bus, hast aber keine Fahrkarte.
Schaffner: Ihre Fahrkarte bitte!
Du: _____

e) Du hast im Schnellimbiss eine Cola getrunken. Du hast aber kein Geld dabei.
Verkäuferin: Das macht zwei Euro.
Du: _____

Findet ähnliche Situationen und passende Ausreden.

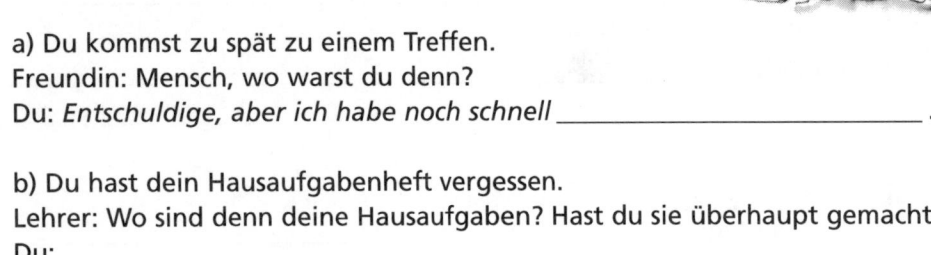

LEKTION 1

11. Über Texte → KB 13–15

Was weißt du über die Texte im Kursbuch? Und wie findest du sie?

Titel	Autor	Quelle	Thema	Textsorte	Bewertung: Wie gefällt es dir? (1-5)
Urlaubsfahrt (S. 13)					
Ein Tag wie … (S. 13)					
A new face (S. 14)					
Schule international (S. 14)					
Mein Tag (S. 15)					

12. Was magst du?

Was – ich – mag

Banane
_____
_____
_____
_____
_____
_____
_____
_____
_____
_____
_____
Sport
_____
_____
_____
_____

Abc
A B C D E F G H I J K L M N O P R S T U V W Z

Was – ich – nicht – mag

Aufräumen
_____
_____
_____
_____
_____
_____
_____
_____
_____
_____
Mücken
_____
_____
_____
_____
_____
_____

13

13. Ordne zu.

Aussehen

Charakter

Hobbys

Eigenschaften

Gewohnheiten

Lieblingsplätze, Aufenthaltsorte

Fußball, Reiten, Computer, Musik, Skateboard fahren, Angeln, Schwimmen

trinkt gern Cola zum Frühstück, hat die Hände in den Hosentaschen, kratzt sich ständig am Kopf, geht nicht ohne Walkman aus dem Haus

groß, klein, dick, schlank, blond, brünett, jung, alt

Pünktlichkeit, Fleiß, Faulheit, Zuverlässigkeit, Hilfsbereitschaft

Schnellimbiss, Fußballplatz, Park, Schulhof, Garten, Schwimmbad

nett, freundlich, offen, nervös, traurig, sympathisch, unsympathisch, egoistisch

14. Beschreibe Paul.

Verwende die Wörter aus dem Kasten.

> egoistisch • Rockmusik • toll aussieht • Ärger • versteht • schlank • lauter
> besonders fair • 1,70 m • in Mathe • ganz normal • gut unterhalten • Tipps und Ratschläge
> lange braune • Basketball und Schwimmen

Die Mädchen aus meiner Klasse sagen, dass Paul _____. Ich finde sein Aussehen _____. Er ist ungefähr _____ groß und _____. Er hat _____ Haare, die er im Nacken gebunden trägt.
Wir haben dieselben Hobbys: _____. Beim Spiel ist er oft nicht _____ und dann bekommt er _____ mit unserem Sportlehrer. Einige Mitschüler meinen, dass er sich zu _____ verhält. Das finde ich aber nicht, denn er hilft mir und den anderen Schülern _____ und auch sonst kann man sich mit ihm _____. Er _____ meine Probleme und gibt mir _____. Paul interessiert sich sehr für _____ und geht oft zu Konzerten. Mir ist es da zu laut, aber Paul sagt immer: „Je _____ , desto besser!"

14

15. Dein Antwortbrief

Du bekommst zum ersten Mal einen Brief von deinem neuen Brieffreund aus Deutschland.

Berlin, den 4. September 2002

Liebe/r ...,

ich heiße Kurt Höhner und bin vierzehn Jahre alt. Ich gehe in die achte Klasse und bin eigentlich ein ganz guter Schüler. Nur Physik und Chemie machen mir Probleme. Deshalb habe ich seit zwei Wochen Nachhilfeunterricht in diesen Fächern. Das Schlechte daran ist, dass ich jetzt nicht mehr so viel Zeit für mein Hobby habe: Skateboardfahren. Das Skateboard habe ich von meinem Taschengeld gekauft. Es sieht toll aus, mit dem silbernen Hai drauf.
Auf dem Foto fahre ich auf meinem Skateboard. Schick mir doch auch ein Foto von dir und schreib mir bald.

Liebe Grüße
Kurt

Hier ist dein Antwortbrief. Ergänze ihn.

_____, den 12. September 2002

Lieber Kurt,

vielen Dank für deinen Brief und das nette Foto. Ich heiße _____ und bin _____.
Ich gehe in _____. Die Schule finde ich _____,
weil _____. Der Unterricht ist _____. Die Fächer _____ und _____ mag ich nicht. Nach der Schule gehe ich _____ mal pro Woche _____.
Mein Hobby ist nämlich _____.
Auf dem Foto siehst du _____.
_____. Ich finde, dass ich darauf _____ aussehe.
Jetzt muss ich leider Schluss machen.

Herzliche Grüße
dein(e) _____

WORTSCHATZ

Aktivitäten

Was machst du

von September bis Juni?

früh aufstehen
büffeln
oft bei Freunden anrufen
Schi fahren
rodeln
Partys organisieren
Tanzunterricht nehmen
Musikschule besuchen
_____
_____
_____
_____

von Juni bis September?

Ferien haben
verreisen
faulenzen
ausgehen
sich sonnen
sich eincremen
_____ besuchen
nach Mücken jagen
_____
_____
_____

Wohin gehst du?

in die Stadt
_____ Schule
zum Training
nach Hause
in die Mensa
_____ Disco
ins Konzert
ins Schwimmbad
_____ Freund
_____ Schnellrestaurant
_____
_____
_____

Wo warst du?

_____ Stadt
in der Schule
_____ Training
_____ Hause
_____ Mensa
in der Disco
_____ Konzert
_____ Schwimmbad
bei meinem Freund
in einem Schnellrestaurant
_____
_____
_____

Wann?

um 7 Uhr
am Freitag
am Wochenende
im Sommer
im September
in den Ferien
während des Schuljahres
wenn ich ...
_____
_____
_____

LEKTION 2

Einfach tierisch

1. Topliste der Tiere

a) Ergänzt die Tabelle mit weiteren Beispielen.

Haustiere	Wildtiere	Reptilien und Insekten
s Huhn, ¨er	r Elefant, -en	e Kobra, -s
r Esel, -	e Giraffe, -en	s Krokodil, -e
s Schaf, -e	s Reh, -e	r Marienkäfer, -
e Kuh, ¨e	r Bär, -en	e Ameise, -n

b) Mache eine mögliche Reihenfolge der Tiere oben aus der Tabelle: + + + bedeutet sehr sympathisch und – – – steht für gar nicht sympathisch.

+++	Am liebsten mag ich _____ .
++	Auch _____ mag ich sehr.
+	_____ gefallen mir auch.
0	_____ sind nichts Besonderes.
–	_____ finde ich langweilig.
– –	_____ kann ich gar nicht leiden.
– – –	_____ finde ich ziemlich hässlich/Ekel erregend/ _____ / _____ .

c) Vergleicht eure Listen.

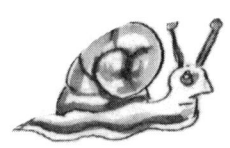

2. W-Fragen

Lies den kurzen Artikel über die Griechische Landschildkröte und formuliere dann die Fragen zu den wichtigsten Informationen im Text.

Die Griechische Landschildkröte

Lebensraum: Mittelmeerländer. Liebt die Wärme. Kann stundenlang in der Sonne liegen. Im Herbst kriecht sie unter Laub oder gräbt sich im Boden ein. Frost ist für sie lebensgefährlich.
Aussehen: Den Körper schützt ein knöcherner Panzer aus Horn. Die Füße haben starke Krallen. Hat keine Zähne, aber dafür Hornschneiden, mit denen sie die Nahrung abschneidet und zerkleinert.
Nahrung: Kräuter, Früchte, aber auch Würmer, Insekten und Schnecken. Trinkt gern Wasser und badet gern. Hat einen sehr feinen Geruchssinn. Kann bis 5 Monate ohne Wasser und Nahrung auskommen.
Alter: Kann über 100 Jahre alt werden.
Das Artenschutzgesetz von 1987 verbietet den Handel mit Griechischen Landschildkröten. Tiere, die schon vor 1987 als Heimtiere gehalten wurden, muss man in Deutschland bei der Landschaftsbehörde melden.

~~Wo~~ • Womit • Wie alt • Wann • Wie lange • Was • ~~Warum~~ • Wo • Was • Wie

---

Wo lebt die Griechische Landschildkröte?	In den Mittelmeerländern.
Warum ...	Weil sie die Wärme liebt.
	Im Herbst.
	Ein knöcherner Panzer aus Horn.
	Mit den Hornschneiden.
	Kräuter, Früchte, Würmer, ...
	Er ist sehr fein.
	Bis 5 Monate.
	Über hundert Jahre.
	Bei der Landschaftsbehörde.

18

LEKTION 2

3. Schildkröte in der Wohnung

Dein Freund hat zwei Schildkröten. Frag ihn, wie er sie über den Winter bringt.

▪ *Wie alt sind deine Schildkröten?*
● Meine Schildkröten sind ungefähr **3 Jahre alt**.
▪ _____?
● Sie heißen **Irma und Oskar**.
▪ _____?
● Am liebsten **Gemüse und Obst**. Sie mögen aber **auch Hackfleisch**.
▪ _____?
● **So ab Anfang Oktober.** Sie laufen nicht mehr viel und verkriechen sich in eine Ecke.
▪ _____?
● Dann **setze ich sie in eine Schachtel mit Laub** und decke sie mit Laub zu. Ich gieße das Laub, damit die Schildkröten nicht austrocknen.
▪ _____?
● Ich gieße **einmal pro Woche**.
▪ _____?
● **So bis März.** Sie werden wieder wach und bewegen sich in der Kiste.
▪ _____?
● Dann bringe ich sie **in den Garten**.
▪ Das ist ja gar nicht so schwer. Ich möchte auch eine Schildkröte. _____?
● Nicht so viel. Ungefähr **20 Euro**.

4. Texte vergleichen → KB 19

Lies den Lexikoneintrag *Igel* und die *Igelfibel* im Kursbuch.
Ordne dann die Informationen den Texten zu.

Informationen/Inhalt	Lexikoneintrag Igel	Igelfibel
a) wo der Osteuropäische Igel lebt		✗
b) wie Igel aussehen	✗	✗
c) wie lang Igel sind		
d) was Igel fressen		
e) was Igel trinken		
f) wie sich der Igel bei Gefahr verhält		
g) warum Igel einen Tierarzt brauchen		
h) auf was man im Frühling Acht geben muss		
i) wo sich die Igel oft aufhalten		
j) wo der Igel unter Naturschutz steht		
k) was man machen muss, wenn der Igel im Haus lebt		

19

5. Was meinst du? → KB 18

Warum hat Frau Vogt das Igel-Hotel eingerichtet?

Vielleicht hat Frau Vogt das Igel-Hotel eingerichtet,
weil *sie diese Tiere ganz besonders mag.*
weil _____.

Frau Vogt hat das Igel-Hotel eingerichtet,
denn *die Igel überleben den Winter sonst nicht.*
denn _____.

Was ist der Unterschied zwischen den Konjunktionen *weil* und *denn*? Formuliert eine Regel.

6. Ergänze die Sätze.

a) Kleine Igel leben bei Frau Vogt in der Küche, denn _____.
b) Tierärzte helfen ihr, weil sie _____.
c) Eva darf keinen Hund halten, weil _____.
d) Ich kann keinen Alligator halten, weil der Alligator ein _____.
e) Frau Meier hat drei kleine Katzen, weil sie _____.
f) _____, weil wir eine kleine Wohnung haben.
g) Meine Freundin _____, denn ihre Mutter ist allergisch gegen _____.
h) Hans möchte gern ein Meerschweinchen, weil _____.

7. Welche Tiere mögen Kinder und warum?

a) Was passt?

Katzen	schwimmen ruhig im Aquarium.
Hunde	sind frech und können gut klettern.
Papageien	sind interessant und sehen gefährlich aus.
Ponys	→ sind anschmiegsam und gute Mäusejäger.
Schildkröten	sind gute Freunde und Wächter.
Fische	haben ein weiches Fell und große Ohren.
Schlangen	sind nicht so groß und man kann auf ihnen reiten.
Kaninchen	sind klein und man kann mit ihnen andere erschrecken.
Affen	sind klug und können sprechen lernen.
Mäuse	machen keinen Krach und können sehr alt werden.

b) Bilde Sätze mit *weil* oder *denn*.

Kinder mögen Katzen, weil sie anschmiegsam und gute Mäusefänger sind.

LEKTION 2

8. Haustiere → KB 21/12

a) Welche Tiere gehören zusammen? Bildet Wortgruppen.

> r Hahn • s ~~Ferkel~~ • s Huhn • s Kalb • s Zicklein • e Kuh • e Henne • s Pferd
> r Hengst • r Ziegenbock • s Lamm • s Fohlen • s Rind • ~~e Sau~~
> r Widder/r Schafsbock • ~~r Eber~~

s Schwein	_r Eber_	e Sau	_s Ferkel_
___	___	___	s Küken
___	r Stier/r Ochse	___	___
___	___	e Stute	___
–	___	e Ziege	___
s Schaf	___	–	___

b) Wie heißen diese Tiere in deiner Muttersprache?

9. Warum hält man diese Tiere?

```
_____ hält man, weil
_____ hält man wegen des Fells/der Federn/_____ .
_____ legen Eier.
_____ liefern Fleisch.
_____ geben Milch.
Aus Pferdehaut   macht man Leder.
   Rinderknochen            Seife
   _____   _____
   _____   _____
```

10. Welche Tiere kannst du in der Zeichnung finden?

Ich habe ein/e/n _____ gefunden.
Er/sie/es liegt _____.
       steht _____.
       sitzt _____.
       läuft _____.
       schwimmt _____.
       fliegt _____.

LEKTION 2

11. Ferien auf dem Bauernhof

Peter hat seine Ferien auf einem Bauernhof verbracht. Ordne zuerst die Textteile und schreibe dann den Brief.

> Der Bauer, die Bäuerin und ihre beiden Kinder waren sehr nett. Wir spielten nach dem Abendessen oft Karten oder andere Spiele. Sie zeigten uns auch ihren Hof und erklärten uns die verschiedenen Maschinen.

> Meine Familie und ich waren diesen Sommer in einem kleinen Dorf am Fuße der Alpen. Mitten in der grünen Natur.

> Am liebsten war ich bei den Tieren. Es gab dort Kühe und Schweine, Enten, Hühner und Gänse. Am besten haben mir die kleinen Ferkel gefallen.

> Wir waren aber nicht nur den ganzen Tag auf dem Bauernhof, sondern machten auch viele Ausflüge und einfache Bergtouren.
> Mir wurde es in den zwei Wochen niemals langweilig.

> Wir haben auf einem richtigen Bauernhof gewohnt. Die Zimmer waren hell und freundlich, mit bunt bemalten Bauernmöbeln und Balkon. Zum Frühstück gab es frische Milch, Eier, Speck, selbst gemachten Käse und selbst gebackenes Brot.

Leipzig, den 25. August 2001

Liebe Katrin,
vielen Dank für deine lustige Karte aus Griechenland. Wie war es dort? Sicherlich toll.
Ich habe auch Ferien gemacht, aber nicht so weit weg von zu Hause wie du.

_____

Jetzt mache ich Schluss für heute, weil ich noch zum Training muss.
Herzliche Grüße
dein Peter

12. Interview mit dem Zoodirektor → KB 22/15

Höre das Interview und kreuze dann die richtige Antwort an. Achtung: Nur eine Antwort ist richtig.

a) **Wer** macht das Interview mit Herrn Persányi?
☐ Das ungarische Fernsehen.
☐ Ein Reporter vom internationalen Schülerrundfunk.
☐ Die Budapester Tageszeitung.

b) **Was** hat Herr Persányi vorher gemacht?
☐ Er war Experte bei einer internationalen Bank.
☐ Er war Zoodirektor in London.
☐ Er hat in Mittel- und Osteuropa gearbeitet.

c) **Wann** hat er sich zum ersten Mal für Tiere interessiert?
☐ Vor zwei Jahren.
☐ Als er Bücher über Afrika gelesen hat.
☐ Schon als Kind.

d) **Wozu** hat er seine Stelle in London aufgegeben?
☐ Er wollte sich nur mehr mit Tieren beschäftigen.
☐ Er mochte seinen Chef nicht.
☐ Seine Familie wollte nach Budapest zurück.

e) **Wie** hat er das seinem Chef mitgeteilt?
☐ Er hat ihm einen Brief geschrieben.
☐ Er hat mit ihm gesprochen.
☐ Er hat ihm eine E-Mail geschickt.

f) **Warum** konnten seine Kinder keine Haustiere halten?
☐ Weil sie nicht genug Platz dafür hatten.
☐ Weil seine Frau keine Tiere mag.
☐ Weil die Familie viel unterwegs war.

13. Pronomen → KB 22/15

Auf welches Substantiv beziehen sich die unterstrichenen Wörter?

- … Stadtkinder haben heutzutage oft Kleintiere. Ich hatte aber nie welche.

- … Ich kam mir schon damals wie ein Zoodirektor vor. Da ahnte ich aber natürlich noch nicht, dass ich irgendwann mal auch einer werden könnte.

▪ Hätten Sie vielleicht auch schon in Wirklichkeit ein Raubtier gehalten?
● Nein. Ich würde „privat" auch nie eines halten wollen!

▪ Haben Sie da vielleicht auch irgendwelche „guten Ratschläge" bekommen?
● Nein, zum Glück keine!

▪ Hatten Ihre Kinder die Möglichkeit, zu Hause wenigstens irgendein Kleintier zu halten?
● Sie hätten natürlich gerne eines gehabt, aber …

WORTSCHATZ

Ein Tier beschreiben

Haustiere

r Hund
e Katze
s Pferd
e Kuh
s Schwein
_____
_____
_____

Wildtiere

r Elefant
e Giraffe
s Reh
s Krokodil
r Papagei
_____
_____
_____

Wie ist es?

Es ist ungefähr _____ groß.
Es ist dunkelbraun.
Seine _____ sind besonders _____ .
Es kann gut _____ .
Es hat _____ Beine, ein _____ Fell,
einen _____ Schwanz, ...
Es hält einen Winterschlaf.
_____
_____

Wo lebt es?

im Wald
im/am Wasser
auf der Wiese
in Städten
im Dschungel
in der Wüste
_____
_____
_____

Was frisst es?

Pflanzen
Körner
Fische
Insekten
Würmer
Fleisch
_____-futter
alles
_____

Was kann es?

schwimmen
singen
sprechen
klettern
fliegen
tauchen
Spuren verfolgen
_____
_____

25

LEKTION 3

In oder out?

1. Aus einem Jugendroman

Lies den folgenden Text und unterstreiche alle Adjektive oder Adjektivkonstruktionen. Trage sie dann unten in die entsprechende Rubrik ein.

Eva und Franziska haben zusammen gelernt, jetzt gehen sie in die Stadt. … Eva will Jeans kaufen.
… „Für mich ist es <u>schwer,</u> etwas zu finden", sagt sie zu Franziska.
„Das macht nichts. Ich habe Geduld."
Sie fahren mit der Straßenbahn in die Innenstadt. Franziska kennt <u>einen kleinen Laden.</u> „Einen ganz guten", sagt sie.
„Was für eine Jeansgröße hast du?", fragt Eva in das Geräusch der Straßenbahn.
„Neunundzwanzig oder achtundzwanzig, das kommt auf die Firma an."
„Ich habe vierunddreißig oder sechsunddreißig", sagt Eva.
Der Laden war wirklich ziemlich klein. Eva wäre lieber in einen größeren gegangen. Eine Kundin unter vielen. Aber Franziska fühlt sich hier wohl.
„Das Hemd hier gefällt mir", sagt Eva. Das Hemd ist rosa.
„Kauf es dir doch."
„Ich möchte eine Jeans", sagt Eva zu der Verkäuferin. Und sie denkt: So eine helle Hose gefällt mir viel besser. Und dazu das rosa Hemd. Schade.
Sie steht in der Kabine und bemüht sich verzweifelt, den Reißverschluß zuzumachen. Es geht nicht.
„Na, was ist?", fragt Franziska von draußen.
„Zu klein."
Franziska bringt die nächste Hose. Dann noch eine. Sie schiebt den Vorhang zur Seite und kommt herein.
„Hier, probier die mal."
„Aber die ist doch viel zu hell", sagt Eva. „So helle Farben machen mich doch nur noch dicker."
„Ach was. Helle Farben stehen dir sicher viel besser als immer nur Dunkelblau oder Braun."
… Dann steht Eva vor dem Spiegel. Überrascht, daß sie so aussehen kann. Ganz anders als in dem blauen Faltenrock. Ganz anders als in den langweiligen Blusen. Überhaupt ganz anders.
„Schön", sagt Franziska zufrieden. „Ganz toll. Genau die richtigen Farben für dich."

(Aus: Mirjam Pressler: Bitterschokolade)

Undekliniertes Adjektiv: *schwer,*
Dekliniertes Adjektiv vor einem Substantiv: *einen kleinen Laden,*

2. Adjektivdeklination

Ergänzt die Tabellen. Helft einander, wo ihr Schwierigkeiten habt.

a) **EIN… / KEIN… / MEIN… + ADJEKTIV**

	Singular			Plural
	Maskulin	Feminin	Neutrum	
Nominativ		**eine** hell**e** Hose	**ein** schön**es** Hemd	**meine** langweilig**en** Blusen
Akkusativ	**einen** klein**en** Laden			
Dativ		in **einer** …		zu **meinen** …
Genitiv	die Verkäuferin **eines** klein**en** Laden**s**	die Knöpfe **meiner** hell**en** Hose	die Ärmel **ihres** schön**en** Hemd**es**	der Schnitt **meiner** langweilig**en** Blusen

b) **DER / DIESER / WELCHER + ADJEKTIV**

	Singular			Plural
	Maskulin	Feminin	Neutrum	
Nominativ		**die** weit**e** Hose	**dieses** kurz**e** Kleid	**die** richtig**en** Farben
Akkusativ	**den** …			über **die** …
Dativ	in **dem** blau**en** Faltenrock		mit **diesem** …	in …
Genitiv	die Länge **dieses** blau**en** Faltenrock**es**	der Stoff **der** weit**en** Hose	das Muster **dieses** kurz**en** Kleid**es**	die Auswahl **der** richtig**en** Farben

c) **NUR ADJEKTIV**

				Plural
Nominativ				hell**e** Farben
Akkusativ				
Dativ				
Genitiv				die Wirkung hell**er** Farben

3. Fragt einander.

Was sieht modisch aus?
Was ist modern?
Was steht dir gut?

der kurz**e** Rock	**die** weit**e** Hose	**das** bunt**e** T-Shirt	**die** hell**en** Turnschuhe
ein kurz**er** Rock	eine weit**e** Hose	ein bunt**es** T-Shirt	hell**e** Turnschuhe

Was findest du toll/ätzend?   *Worüber ärgern sich deine Eltern? – Über ...*
Was trägst du gern/nicht so gern?   *Was ziehst du am liebsten an?*
Was würdest du nie anziehen?   *Was kaufst du dir?*

den kurz**en** Rock	**die** weit**e** Hose	**das** bunt**e** T-Shirt	**die** hell**en** Turnschuhe
ein**en** kurz**en** Rock	eine weit**e** Hose	ein bunt**es** T-Shirt	hell**e** Turnschuhe

Worin siehst du am besten aus? – In ...
Worin gehst du am liebsten zur Schule?

dem kurz**en** Rock	**der** weit**en** Hose	**dem** bunt**en** T-Shirt	**den** hell**en** Turnschuh**en**
ein**em** kurz**en** Rock	ein**er** weit**en** Hose	ein**em** bunt**en** T-Shirt	hell**en** Turnschuh**en**

4. Kleidung beschreiben

Bringt Zeitschriften mit vielen bunten Fotos mit. Sucht in Gruppen Fotos heraus, die interessant gekleidete Leute zeigen. Schneidet die Bilder aus, klebt sie auf Packpapier und schreibt dazu Beispielsätze:
- Was trägt die Person?
- Was gefällt euch gut/weniger gut/überhaupt nicht?
- Was steht ihm/ihr gut/nicht gut?
- Was ist modern/gar nicht mehr modern?

Die Wortschatzliste am Ende der Lektion hilft euch dabei.

Die schrillen Hemden und die Strohhüte sehen lustig aus.
Viele tragen heute karierte Hosen.

Solche bunten Schlaghosen sind heute wieder modern.
Das grelle Muster gefällt mir gar nicht.

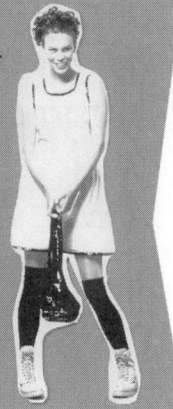

Ich finde, die weißen Sportschuhe passen überhaupt nicht zu dem kurzen Kleid.

Das einfache weiße Kleid steht ihr gut. Sie sollte dazu lieber eine weiße Tasche und eine farblose Strumpfhose tragen.

LEKTION 3

5. Ein Interview

Ergänze die Antworten mit den angegebenen Wörtern.

■ Hallo! Kannst du mir vielleicht verraten, was dieses Jahr modern ist?
● So genau weiß ich das nicht. Aber ich glaube, dass *kurze, enge T-Shirts*, _____
_____ in Mode sind.

> ~~T-Shirts (kurz, eng)~~ ● Schlaghosen (weit) ● Kopftücher (bunt) ● Jacken (tailliert)

■ Worin gehst du denn am liebsten zur Schule?
● In mein__ _____ , mein__ _____ und in mein__ _____ .

> Jeans (schwarz) ● T-Shirt (nabelfrei) ● Kapuzenpulli (lang)

■ Was würdest du nie anziehen?
● Ich würde nie ein__ _____ anziehen.

> Schlaghose (bestickt)

■ Was findest du sonst noch ätzend?
● _____ und _____ finde ich oberätzend.

> Hosen (kariert) ● Strümpfe (dunkel)

■ Was steht dir denn besonders gut?
● Mir steht das _____ , die _____ und das _____ ganz gut.

> Kleid (eng, schwarz) ● Jeansweste (kurz) ● Stirnband (grün)

■ Kritisieren die Eltern dein Aussehen? Worüber ärgern sie sich?
● Sie ärgern sich über mein__ _____ und über mein__ _____ .

> Nasenknopf (klein) ● Hose (geschlitzt)

■ Was steht dir weniger gut?
● Ich glaube, _____ und _____ mit hohem Absatz passen nicht so gut zu mir.

> Sachen (elegant) ● Schuhe (fein)

6. Stoffwechsel

Ergänze den Text mit Hilfe der Fotos und der unten angegebenen Wörter.

> **Was passiert, wenn Schüler ihren Lehrern ein jugendliches „Outfit" verpassen? Die Klasse 9 d des Rudolf-Diesel-Gymnasiums Augsburg hat drei besonders mutige Lehrer beim Boutiquenbummel begleitet ...**
>
> Tatort ist ein Modehaus in der Innenstadt. In drei Gruppen suchen die Schüler aus, was sie ihren Lehrern gerne anziehen würden. Die sehen mit Entsetzen, dass die Schüler zu den Ständern mit den verrücktesten Klamotten gehen. Yvonne sucht für die Geschichtslehrerin zum orangefarbenen Mini*rock* die passende _____hose.
>
> „Street-" und „Workwear" nennt sich das, was die Herren tragen. Straßen- und Arbeits_____ also. Das ist in den Boutiquen gerade der letzte Schrei. Französischlehrer Kestel bekommt Latz_____, außerdem Schuhe und Kappe von Matthias. Kestel bewundert sich im Spiegel und ist begeistert: „Ja, so würde ich auch rumlaufen." Er ist zufrieden mit den „bequemen und farblich schönen Sachen". Nur Mützen hasst er. „Damit schwitzt man so."
>
> Probleme gibt es bei der Auswahl für Klassenlehrer Heigl. Passende Hosen gibt es nur noch in Rot. Nach langem Suchen finden Katha, Verry und Bernd einen Kapuzen_____. Ein passendes Kopf_____ ist nicht zu finden. Endlich entdeckt Katha doch eines am Hals einer Schaufenster-Puppe. Kurz entschlossen knotet sie es ab. Heigl sagt: „Solche Tücher habe ich normalerweise nur beim Joggen als Stirn_____." Zu guter Letzt soll Heigl die Inline-Skates anziehen.
>
> Oberstudienrätin Feistle weiß nicht, ob sie lachen oder weinen soll: „In so einem _____rock würde ich niemals zum Unterricht erscheinen. Und Orange beißt sich mit meiner Haarfarbe, außerdem macht mich das Grün blass." Und die Schüler? Die finden Frau Feistle „große Klasse". Sie suchen nach Schuhen und entdecken noch einen Ruck_____.
>
> Schließlich geht es zum Fotografen. Hier beweisen die Lehrer Model-Qualitäten. Das Ganze hat ihnen großen Spaß gemacht. Doch traurig sind sie nicht, wenn sie alles wieder ausziehen müssen!
>
> (JUMA)

Band • Hosen • Kleidung • Mini • Pulli • ~~Rock~~ • Sack • Strumpf • Tuch

LEKTION 3

7. Fremdwörter

Bei dem Thema Mode gibt es im Deutschen viele Fremdwörter. Sammelt einige Beispiele dafür in der Lektion.

T-Shirt, Streetwear, ...

8. Wie kleiden sich Jugendliche in Deutschland?

In den nächsten Texten fehlt die Hälfte von manchen Wörtern. Ergänze sie.

a) **Moritz, 17,** geht noch zur Schule. Das normale Outfit für die Schule ist: eine rote Baseballmütze, we___ Sportschuhe und ein quergestre_____ Polo. Die gra___ Stoffhose ist für Moritz die bequemste, die er bisher hatte. Auf Hochzeiten und anderen Partys trägt er ein weißes Stirnb___, offene Turnschuhe, beige Jeans mit lässigem Gür___ und ein blau-wei___ Karo-Hemd. Was Moritz nicht hat, aber gerne hätte: „Ein ausgeflipptes Hawaiihe___ in schr_____ Farben und mit Riesenkragen."

b) **Atakan, 18,** macht eine Ausbildung zum Maler und Lackierer. Seine Arbeitsk_____ sieht so aus: weiße Soc___, weiße Ho___, weißes T-Shirt, schw_____ Turnschuhe. Nach der Arbeit hat er gerne he___ Jeans und ein hel___ Polo an. Wenn er sich fein macht, trägt er ein schwa___ Hemd und schw___ Lederschuhe und dazu einen türkisbla___ Anzug.

c) **Bianca, 21,** bezeichnet ihr Arbeitsdress als konservativ: klein_____ Stoffhose, schicke Absatz____, weißes T-Shirt, Ke___ um den Hals. In der Freizeit trägt sie gerne eine en___ Stoffhose, eine we___ Bluse mit Knoten auf dem Bauch und dazu eine Weste aus J___ stoff. Das „kle___ Schwarze" gehört zu ihrer Abendgard_____. Sie trägt es am liebsten mit ärmell_____ Handschuhen.

9. Technomode

> ~~bunt~~ • buntes • dicken • einzigartig • gefärbte • Kopf • Mode • Ringe • schrille • Stiefel
> Sweatshirt • unmöglich • wildes

Nie waren Klamotten so *bunt* wie heute: Die _____ der Generation „Techno" erobert mit Farbschocks die Kleiderschränke. Was früher _____ war, ist heute erlaubt, zum Beispiel _____ Kombinieren von Mustern und Stoffen. Was gehört noch zur Techno-Mode: _____ Brillen, _____ in Ohren, Nasen, Lippen oder Augenbrauen, _____ Plastikspielzeug und _____ Haare; auf dem _____ Piratentücher, Kappen und Mützen; an den Füßen _____ mit _____ Sohlen oder Turnschuhe aus den Siebzigern. Die „Uniform" der Achtziger – Jeans, _____ und Basketballschuhe – gehört endlich in die Altkleidersammlung. Seit den Neunzigern will jeder _____ sein – und aussehen. Den Trend machen die jungen Leute, und noch reagieren viele Ältere schockiert. Doch sicher nicht lange!

10. Was nimmst du mit? → KB 30/8

Rucksack • Stadtplan • Schwimmflossen • Handtasche • Luftmatratze • Isomatte • Badehose • Kostüm • Badetuch • Sonnenschirm • Fernglas • Sonnenöl • Regenjacke • Schlauchboot • Abendkleid • Wanderkarte • Tauchermaske • Kulturführer • Taschenlampe • Verbandskasten • ~~Wanderschuhe~~ • Taschenmesser • Anzug • Handy • Regenschirm • ~~Gürteltasche~~

Badeurlaub	Wandertour	Großstadt
	feste Wanderschuhe	eine praktische Gürteltasche

11. Rollenspiel → KB 31/9

Gestaltet Dialoge zwischen Reporter und Kunden im Geschäft. Macht vorher Rollenkarten für die verschiedenen Rollen:

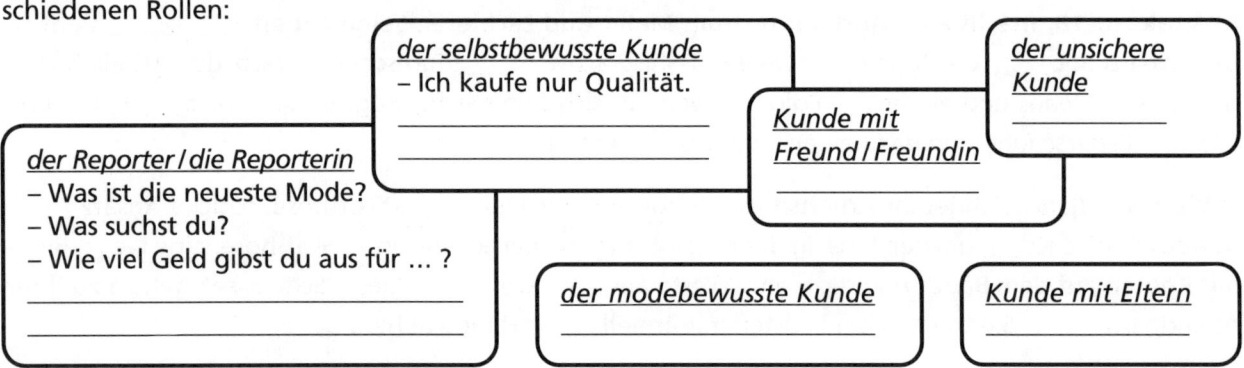

12. Ergänze die Schülermeinungen.

und • weil • aber • denn • oder

a) Ich ziehe meistens weite Pullis an, _weil_ sie so bequem sind.
b) Ich trage Jeans, Sportschuhe und Kapuzen-Shirt, _____ das ist jetzt gerade absolut „in".
c) Es gibt für mich Wichtigeres als Mode, _____ es ist mir auch nicht ganz egal.
d) In Jeans, Wollpullover und Turnschuhen fühle ich mich sehr wohl _____ so gefalle ich mir.
e) Früher war es für mich wichtig, immer das anzuhaben, was modern ist. _____ heute habe ich meinen eigenen Stil.
f) Eigentlich ziehe ich mich ganz normal an, _____ ich mag manchmal auch ausgefallenere Sachen.
g) Man sollte nur Markenklamotten kaufen _____ wirklich auf die Qualität achten.
h) Ich beschäftige mich überhaupt nicht mit der neuesten Mode, _____ ich nicht so aussehen will wie alle anderen.

WORTSCHATZ

Über Mode sprechen

:)

_____ ist/sind
_____ finde ich
　super
　Klasse
　toll
　spitze
　bequem
　praktisch
　_____
　_____

_____ sieht/sehen gut/sehr gut aus.
Ich würde _____ kaufen, weil …
Ich ziehe _____ gern an, weil …
Mir gefallen _____ .

:(

_____ ist/sind
_____ finde ich
　nicht so gut
　nicht besonders schön
　langweilig
　unmöglich
　schrecklich
　furchtbar
　_____
　_____

_____ sieht/sehen nicht gut aus.
Ich würde mir nie _____ kaufen, weil …
Ich ziehe _____ nicht gern an, weil …
Mir gefallen _____ überhaupt/gar nicht.

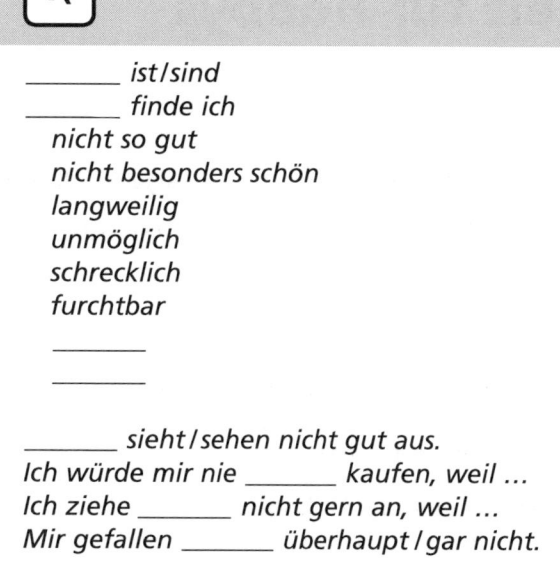

lange Röcke
ein konservatives Kostüm
ein schwarzes Abendkleid
Ringe in Ohren
Kapuzenpulli
lässige Sachen vom Flohmarkt
Stirnband
ein schwarzer Rucksack
offene Turnschuhe
Hemden in schrillen Farben
ein türkisblauer Anzug
Stiefel mit dicken Sohlen
enge Stoffhosen
Basketballschuhe
eine Weste aus Jeansstoff
ein eleganter Anzug
ärmellange Handschuhe
verrückte Klamotten
Baseballmütze
ein schwarzes Hemd
ein blauer Faltenrock
langweilige Blusen
ein schönes Seidenkleid
ausgefallenere Sachen
ein Nasenring
Markenartikel
eine Bluse mit Knoten auf dem Bauch
schwarze Lederschuhe
Piratentücher
Turnschuhe aus den Siebzigern

Zeit für Hobbys

LEKTION 4

1. Nach Informationen fragen: direkte und indirekte Frage

a) Wenn man zum Beispiel ein Interview macht, leitet man die Fragen oft ein. Studiert die Beispiele.

Direkt	Indirekt
Was hast du am Nachmittag gemacht? Wann bist du nach Hause gekommen? Wo warst du noch?	Ich möchte wissen, **was** du am Nachmittag gemacht *hast*. **wann** du nach Hause gekommen *bist*. **wo** du noch *warst*.
Warst du in der Diskothek? War Anna auch dort?	**ob** du in der Diskothek *warst*. **ob** Anna auch dort *war*.

b) Du machst ein Interview mit einem Tennisstar für deine Schülerzeitung. Formuliere die Fragen.

	Darf ich dir ein paar Fragen stellen? **Ich möchte gern wissen,**
Wann hast du mit Tennis angefangen?	*wann du mit Tennis angefangen hast.*
Wer war dein erster Trainer?	
Haben dich deine Eltern unterstützt?	
Bist du immer gern zum Training gegangen?	
	Ich möchte dich auch fragen,
Was war bisher dein bestes Ergebnis?	
Wie hast du dich nach dem Spiel gefühlt?	
Spielst du nochmals um den Pokal?	
Trainierst du schon dafür?	
	Die Leser interessiert,
Wie oft muss man trainieren?	
Bleibt da noch Zeit für andere Hobbys?	
Hast du noch Zeit für deine Freunde?	
Wann ist das nächste Tennisturnier?	

LEKTION 4

2. Ergänze die Sätze.

Mehrere Lösungen sind möglich.

a) Weißt du, _wann_ die Vorstellung beginnt?
b) Hat er gesagt, _____ er in die Schweiz fährt?
c) Kannst du mir sagen, _____ du nicht angerufen hast?
d) Uns würde interessieren, _____ ihr so lange geblieben seid.
e) Ich möchte gern wissen, _____ du Pfirsiche magst.
f) Können Sie mir sagen, _____ der nächste Zug nach Salzburg abfährt?
g) Wisst ihr, _____ Renate gestern ins Kino gegangen ist?
h) Wir möchten erfahren, _____ das passiert ist.
i) Sag mir, _____ Hemd du dir lieber kaufen würdest.
j) Wissen Sie, _____ den Roman „Bitterschokolade" geschrieben hat?

3. Interviewfragen stellen

Deutsche Schüler haben mit ihrer Lehrerin ein Interview über ihre Interessen, ihren Geschmack gemacht. Das Ergebnis veröffentlichten sie in ihrer Schulzeitung.

a) Formuliert die Fragen, die die Schüler an die Lehrerin gestellt haben. Formuliert die Fragen immer indirekt, übt jetzt diese Form.

Beispiel:
Fächer ⟶ Ich möchte wissen, welche Schulfächer Sie unterrichten.
Hobbys ⟶ Mich würde interessieren, ...

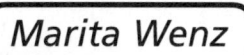

Fächer:	Deutsch, Sozialkunde, Erdkunde, Wahlfach
Hobbys:	alles, was Spaß macht
Musikgeschmack:	kommt auf die Stimmung an
Lieblingsliteratur:	Literatur des 20. Jahrhunderts
Lieblingsfilm:	Pretty Woman
Was sie mag:	Gemütlichkeit, gutes Essen, gute Freunde
Was sie hasst:	Schlampigkeit, Unpünktlichkeit
Umwelt:	hält verschiedene Abfälle getrennt
das Gute an der Schule:	nettes Kollegium
Sprachen:	Deutsch, Englisch, Französisch
Mode:	sie trägt, was ihr gefällt
AGs*:	sie hat leider keine, möchte aber gerne eine anbieten (z. B.: Zeitunglesen für Schüler)

*AG (hier): Arbeitsgemeinschaft

b) Was würde euch noch interessieren?

Darf ich fragen, wie alt Sie sind?
Könnten Sie etwas darüber erzählen, ...

4. Ein Interview

Macht nun selbst ein Interview mit Deutschlehrern und -lehrerinnen eurer Schule.

> **TIPP**
>
> *Man muss auch lernen, wie man ein Interview macht. Arbeite in folgenden Schritten:*
> - *Suche eine entsprechende Person.*
> - *Schreibe auf einen Notizzettel, woran du Interesse hast.*
> - *Mache das Interview (achte darauf, wie du die Fragen anhand des Notizzettels formulierst).*
> - *Schreibe den Bericht über das Interview.*

Ihr könnt das Interview auch mit euren Lehrern in eurer Sprache machen und dann den Inhalt auf Deutsch zusammenfassen, oder eine berühmte Persönlichkeit frei nach der Fantasie interviewen.

5. Aus einer Schülerzeitung

Das folgende Interview stammt aus der Schülerzeitung *Der Wurm*. Ergänzt die fehlenden Fragen.

FREMDE KULTUREN – ANDERE LÄNDER

DIE WELT RUFT

Im August des letzten Jahres starteten drei Schülerinnen ein ganz besonderes Abenteuer – ein Austauschjahr. Sie reisten nach Frankreich, in die Vereinigten Staaten und nach Südafrika. Wir fragten Annekatrin (Paris), Yvonne (USA) und Henriette (Johannisburg) nach ihren Erfahrungen.

Wurm: *Wie habt ihr von dem Austauschjahr erfahren?*
Annekatrin: Wir hatten durch ehemalige Austauschschüler, Lehrer der Schule und Plakate von der Möglichkeit erfahren, ein Schuljahr mal völlig anders zu verbringen.

Wurm: _____
Henriette: Nein, denn die schulischen Leistungen sind nur eines der vielen Kriterien, die bei der Auswahl eine Rolle spielen. Im Allgemeinen sollte der Notendurchschnitt jedoch nicht unter 3 liegen.

Wurm: _____
Annekatrin: Angst? Überhaupt nicht. Wir wollten unsere Gastfamilie kennen lernen und waren sehr gespannt, was nun auf uns zukommt.

Wurm: _____
Yvonne: Eigentlich ganz nett. Obwohl sie mir alles erklären und zeigen wollten, verlangte ich nur nach einem Bett – ich war hundemüde.

Henriette: Mit einem Blumenstrauß. Meine Gastfamilie zeigte viel Verständnis und Geduld für die „Sprachunsicherheiten" am Anfang und führte mich in die ungewohnte Umgebung ein.

Wurm: _____
Yvonne: Aufregend. Viele Leute fragten mich, woher ich komme und wie es mir gefällt. Auch die Lehrer waren freundlich, sie wussten auch, dass den meisten Austauschschülern der amerikanische Unterricht sehr leicht fällt.
Annekatrin: Furchtbar! Schon Wochen zuvor hatte ich Angst. Schlimm war es dann gar nicht. Letztendlich stand ich als „Wunder" im Mittelpunkt der Klasse.

Wurm: _____
Henriette: Das Verstehen war kein Problem, nur mit dem „fließenden" Sprechen gab es anfangs Schwierigkeiten. Der Wortschatz nahm von Tag zu Tag zu. Und nach drei Monaten ging es schon ohne Schwierigkeiten.

Wurm: _____
Einstimmig: Traurig und schwierig! Wir hatten alle sehr gemischte Gefühle beim Gedanken an Trennung und Rückkehr. Der Abschied war dann sehr schwer. Ein Jahr verbindet stark.

Wurm: _____
Annekatrin: Jeder hat viele ganz persönliche Erfahrungen und Eindrücke gesammelt und sich selbst ein Stück dabei kennen gelernt. Zu den guten Sprachkenntnissen ist auch eine zweite Heimat hinzugekommen. Wir haben unseren Entschluss keinen einzigen Tag bereut und würden uns sofort wieder für ein Auslandsjahr entscheiden. Es war Spitze!

36

LEKTION 4

6. Austauschschüler erzählen

a) Ich werde im August nach London *fliegen*. *Das Fliegen* macht mir ein wenig Angst. (fliegen)
b) Ich gehe mit meiner Gastfamilie fast jedes Wochenende _____ . Mir macht _____ großen Spaß. (wandern)
c) Am Anfang war _____ nicht leicht. Ich glaube, jetzt beherrsche ich _____ schon ziemlich gut. (sprechen) Auch _____ hat mir dabei geholfen. (fernsehen)
d) Es war auch nicht einfach, alle Fächer in einer Fremdsprache zu _____ . (lernen)
e) _____ schmeckt mir nicht immer, ich muss mich noch daran gewöhnen. (essen)
f) Zum Abschied werde ich selbst eine deutsche Spezialität _____ . (kochen)

7. Verben und Substantive

Tätigkeit	Prozess	Ergebnis/Produkt
spielen	s Spielen	
		e Sprache, s Gespräch
essen	s Essen	
		e Fahrt
reisen	—	
		r Sprung
lieben	—	
	s Schenken	s Geschenk
		s Getränk
träumen		
		e Schrift
üben		

8. Beispiele suchen

Im Interview von *Wurm* findest du auch viele Substantive, zu denen eine Verbform gehört. Suche sie und setze die Tabelle fort.

austauschen		r Austausch

9. Substantive aus Verben

Suche das passende Substantiv zu den hervorgehobenen Verben.

a) Er *schreibt* sehr undeutlich, ich kann seine <u>Schrift</u> kaum lesen.
b) Er mag nur die praktischen _____. – *Schenke* ihm also wieder Socken.
c) Ich *trinke* jetzt keinen Wein, ich bin mit dem Auto gekommen. – Wir haben auch alkoholfreie _____ .
d) Wie *sprechen* denn diese Leute? – Ich kenne diese _____ nicht.
e) Du brauchst noch mehr_____ . – Aber ich habe schon so lange *geübt*.
f) Kennst du dieses _____ ? – Ja, ich habe es mit euch schon mal *gespielt*.
g) Wir sind drei Stunden *gefahren*. – Warum hat die _____ so lange gedauert?

10. Substantive zusammensetzen

a) Bilde aus zwei Wörtern ein Wort.

r Abend+s Essen	das Abendessen
r Geburtstag+s Geschenk	das Geburtstagsgeschenk
r Austausch+s Jahr	
e Note+r Durchschnitt	
r Austausch+r Schüler	
r Gast+e Familie	
e Blume+r Strauß	
s Wort+r Schatz	
e Sprache+e Kenntnisse	
e Notiz+r Zettel	

b) Suche mögliche Zusammensetzungen.

Tennis	Raum
Ball	Kapitän
Hand	Prüfung
Erfrischung	Getränk
Aufnahme	Karte
Eintritt	Tuch
Mannschaft	Schläger
Geschicklichkeit	Spiel
Fitness	Training

Beispiel:
der Erfrischungsraum

LEKTION 4

11. Annabells Hobby → KB 39/11

Was ist richtig?

a) Was macht Annabell in ihrer Freizeit?
☐ Sie geht heim.
☐ Sie besucht ein Tierheim.

b) Was macht sie dort?
☐ Sie geht mit Hunden spazieren.
☐ Sie spaziert durch das Tierheim.

c) Was für Gesichter kann man dort sehen?
☐ Verschiedene Hundegesichter.
☐ Gesichter von alten Leuten.

d) Wie viele Tiere sind in einem Zwinger?
☐ Acht bis neun Tiere.
☐ Zwei oder drei Hunde.

e) Was steht auf den Tafeln?
☐ Was verboten ist.
☐ Informationen über die Tiere.

f) Was macht Annabell Spaß?
☐ Sie geht gern mit einem der Tiere spazieren.
☐ Sie liest gern etwas über Tiere.

12. Was wäre, wenn …?

Wenn ich eine Blume *wäre, wäre* ich eine Geranie, weil ich dann am Fenster *stehen würde* und alles *sehen könnte*.
Wenn ich ein Körperteil *wäre, wäre* ich am liebsten eine Hand, weil ich dann den Hungrigen Brot *geben könnte*.
Wenn ich ein Tier *wäre, wäre* ich ein Bär, weil ich dann den ganzen Winter über *schlafen dürfte*.

Übersetze die Sätze in deine Sprache.

sein	ich **wäre**	eine Geranie
haben	ich **hätte**	viel Zeit
stehen	ich **würde**	am Fenster **stehen**
können	**könnte**	
müssen	ich **müsste**	alles **sehen**
dürfen	**dürfte**	

13. Verbformen im Konjunktiv

Ergänze die Tabelle.

	werden	sein	haben	können	müssen	dürfen
ich	würde					
du		wärest				dürftest
er/sie/es	würde			könnte		
wir					müssten	
ihr			hättet			dürftet
sie/Sie		wären				

Aus welcher Verbform kann man die Konjunktiv-Formen bilden?

14. Ergänze die Personalpronomen.

a) _Du_ müsstest endlich telefonieren.
b) _____ würde mir jetzt gerne den Film ansehen.
c) Wie wäre _____ , wenn _____ eine Party organisieren würden?
d) _____ würde gerne mitgehen, aber _____ muss noch arbeiten.
e) Wenn _____ nicht immer so viel trinken würde, würde _____ ihn auch zur Party einladen.
f) _____ würden vielleicht auch kommen, wenn _____ bei uns übernachten könnten.
g) Wenn _____ Bekannte in Österreich hätte, könnte _____ sie anrufen.
h) Wenn _____ noch nicht so dunkel wäre, dürften _____ länger bleiben.
i) Wenn _____ uns beim Aufräumen helfen könntest, wären _____ schneller fertig.
j) _____ müsste ihre Schwester jede Woche einmal besuchen.

15. Wenn du Austauschschüler wärest

a) Studiere das Beispiel und ergänze die Sätze. Stell dir vor, auch du könntest ein Austauschjahr im Ausland verbringen. Was meinst du?

Wenn ich ein Schuljahr anders verbringen könnte, wäre ich glücklich.
Könnte ich ein Schuljahr anders verbringen, wäre ich glücklich.

> könnte ● müsste ● würde ● hätte ● wäre

_____ ich das Partnerland selbst wählen, würde ich am liebsten in die Schweiz fahren.
Wenn ich ein Jahr allein im Ausland leben _____ , _____ ich Angst davor.
_____ ich wählen, _____ ich lieber in einer große Familie unterkommen.
Wenn ich in Deutschland lernen _____ , _____ ich mit dem Verstehen keine Probleme.
_____ ich als Austauschschülerin in Amerika, _____ ich sicher Schwierigkeiten im Unterricht alles zu verstehen.
Ich _____ mich sehr freuen, wenn ich eine zweite Heimat _____ .

b) Was würdest du tun?
Würde ich als _____ im Mittelpunkt der Klasse stehen, würde mich das (nicht) stören.
Könnte ich mit _____ zusammen fahren, hätte ich keine Angst.
Wenn die Gast(geber)familie (k)ein/e/n _____ hätte, hätte ich Schwierigkeiten.
Wäre ich ein Jahr lang im Ausland, würde/n mir _____ fehlen.
Hätte ich eine Möglichkeit, würde ich _____ nach Hause kommen.

16. Macht das Gedankenspiel weiter (siehe Ü. 12).

Wenn ich ein Tier _wäre_, _wäre_ ich am liebsten ein/e _____ , weil ich dann ...
Wenn ich ein Möbelstück _wäre_, _____ , weil ich dann ...

> Baum ● Vogel ● Gebäude ● Auto ● Speise ● Farbe ● Buch ● Kleidungsstück ● Uhrzeit ● Zahl
> Wochentag ● Gefühl ● Sprache

17. Aufstehen oder liegen bleiben?

Lies Martins Gedanken vor dem Aufstehen und formuliere seine Ideen.

Wenn morgens der Wecker klingelt, möchte ich mich immer am liebsten wieder umdrehen und weiterschlafen. Vielleicht könnte ich noch versuchen, mich im Halbschlaf heimlich zu überzeugen: Heute ist Samstag. Samstag! ... Der Trick klappt heute nicht. Heute ist eben leider nicht Samstag, aber was noch viel schlimmer ist: Es ist Mittwoch! Heute kann ich nicht in die Schule. Die Arbeit in Biologie, das Gespräch mit Tobias ..., die wegradierte Drei in Deutsch, der übliche Blick von Herrn Mars, dass ich schon wieder nicht ... Das halte ich bestimmt nicht aus! Liegen bleiben. Ja! *Wie wäre es, wenn ich mich einfach nicht bewegen würde? ...*

Wie wäre es, wenn ...

- fürchterliche Zahnschmerzen bekommen
- alle Hausschlüssel sind weg
- der kleine Bruder kann nicht in den Kindergarten
- Bombenalarm in der Schule auslösen
- wegen einem Einbruch auf die Polizei warten
- einen Anruf bekommen, dass der Unterricht ausfällt
- den Hund zum Tierarzt bringen
- ...

Ihr könnt über die Möglichkeiten auch diskutieren:

Wenn du den Hund zum Tierarzt bringen würdest, wollten dann alle wissen, was ihm fehlt.
...

18. Probleme

Was meinst du, was müssten diese Menschen tun?

a) Ich glaube, sie müsste Diät machen.

b)

c)

d)

e)

19. Was würdest du machen, wenn ...

a) ... du gerade weggehen wolltest, und dann dein Freund zu Besuch kommen würde?
b) ... deine Freundin erzählen würde, dass sie eine fliegende Untertasse gesehen hat?
c) ... du in der Zeitung lesen würdest, dass deine Lieblingsband aus Amerika heute ein Konzert gibt?
d) ... du im Radio hören würdest, dass dieses Jahr das Schuljahr einen Monat früher beendet wird?
e) ...
f) ...

20. Über ein Hobby schreiben → KB 36

Annas Brieffreund in Deutschland hat im letzten Brief nach ihrem Hobby gefragt. Schreibe Annas Antwort.

Einleitung	London, den 12. August 2000 Lieber Martin, ich habe mich über deinen Brief sehr gefreut. Es ist schön, dass du über dein Hobby geschrieben hast.
Wo warst du schon einmal?	Ich interessiere mich sehr für Tennis. Ich spiele schon seit fünf Jahren Tennis und schaue den größten Spielern gern zu. Einmal war ich sogar
Wie kam es dazu?	
Wie waren die Vorbereitungen?	
Was waren deine Aufgaben?	
Was war verboten?	
Welchen Lohn bekommt man für diesen Job?	
Wovon träumst du?	
Schluss	Wie ist es bei dir? Wünschst du dir etwas ganz besonders? Schreib mir doch bitte etwas darüber. Viele liebe Grüße deine Anna

21. Situationsspiel

Stellt euch vor, eure Klasse macht eine Klassenfahrt. Das Programmangebot ist groß, aber die Zeit reicht nicht für alles. Versucht eure Kameraden davon zu überzeugen, dass sie sich für eure Lieblingsbeschäftigung entscheiden sollen.

> Ich schlage vor, wir _____ .
> Ich würde lieber _____ , weil _____ .
> Am liebsten würde ich _____ .
> Ich wäre eher dafür, dass wir _____ .
>
> Das halte ich für keine gute Idee.
> Ich bin dagegen.
> Ich finde, wir sollten lieber _____ .

WORTSCHATZ

Zeitvertreib

Sportarten

r Fußball
r Basketball
s Tennis
r Schach
s Schwimmen
s Reiten
s Schlittschuhlaufen
_____
_____
_____
_____

Ausgehen – aber wohin?

ins Kino
ins Theater
ins Konzert
ins Café
in die Disco
zum Fußball
_____
_____
_____
_____

Aktivitäten im Freien

spazieren gehen
Rad fahren
wandern
joggen
_____
_____
_____
_____

Aktivitäten zu Hause

_____ spielen
_____ sammeln
kochen
basteln
musizieren
im Internet surfen
Kassetten aufnehmen
_____
_____

Wie oft?

regelmäßig
jede Woche
viermal pro Woche
alle 14 Tage
immer, wenn …
ein paar Mal
manchmal
gelegentlich
selten
_____
_____

43

LEKTION 5

Spielst du gern? Dann mach doch mit!

1. Ein Spiel ohne Sieger

An einem regnerischen Feriennachmittag saßen ein paar Freunde beisammen und hatten genug vom Plattenhören und Fernsehen. „Machen wir ein Würfelspiel!" „Sie sind doch alle langweilig." „Wir denken uns ein neues aus!" „Eine Zeichnung, bei der man würfeln muss!"
Eine Idee folgte der anderen und nach einiger Zeit hatten sie ein Spiel erfunden.

Du siehst, wie das Blatt bei Spielbeginn ausgesehen hat. Jeder Spieler zog je eine waagerechte und eine senkrechte beliebig gekrümmte Linie. So erhielten sie 36 Felder und alle sahen anders aus. Nun musste jeder dreimal würfeln.

1. Wurf = senkrechte Reihe
2. Wurf = waagerechte Reihe
3. Wurf = Zeit für die Zeichnung

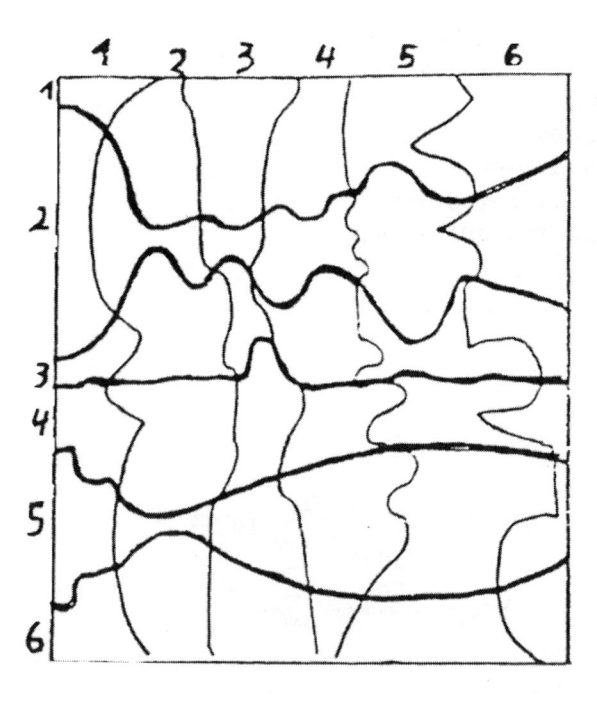

- ⚀ 10 Sekunden
- ⚁ 20 Sekunden
- ⚂ 40 Sekunden
- ⚃ 1 Minute
- ⚄ 1 ½ Minuten
- ⚅ 2 Minuten

Am Ende entstand ein lustiges Bild. Probiert es selbst aus oder erfindet ein neues Spiel.

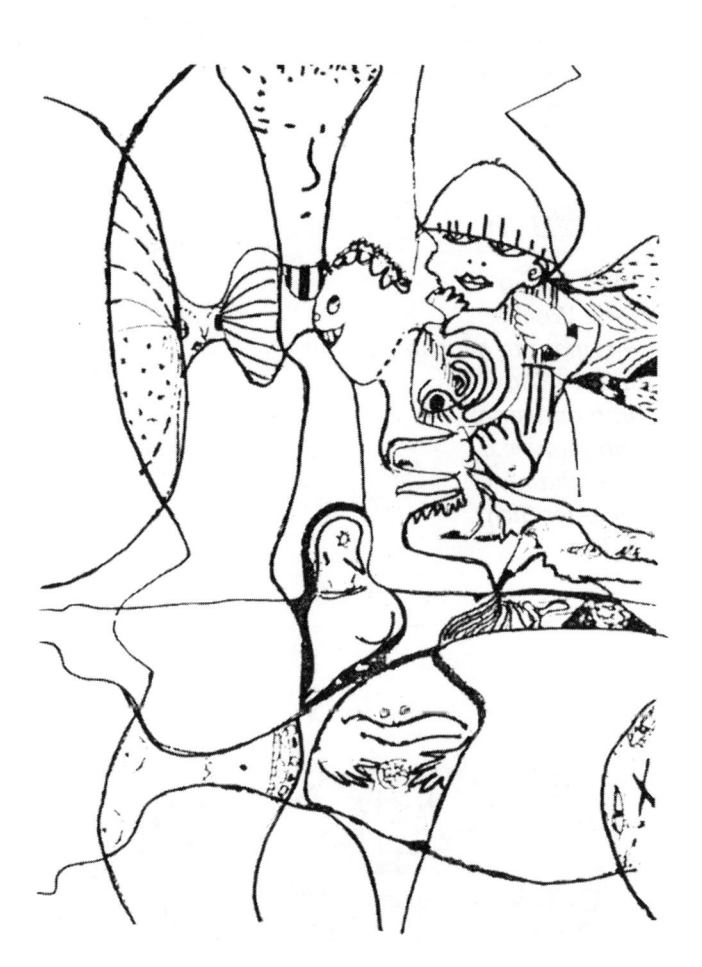

LEKTION 5

2. Relativsätze bilden → KB 47

Im Text *Computer-Fantastereien* gibt es viele Relativpronomen. Mit diesen kann man Relativsätze einleiten.

> *Karriere machen wie **Bill Gates**, Chef von Microsoft.*
>
> ***Bill Gates** ist einer der reichsten Männer der USA.*

*Karriere machen wie **Bill Gates**, Chef von Microsoft, **der** einer der reichsten Männer der USA ist.*

> *Per Computerhilfe **Videoclip** basteln.*
>
> *In dem **Videoclip** tanzt man gemeinsam mit Michael Jackson um eine brennende Mülltonne.*

*Per Computerhilfe **Videoclip** basteln, **in dem** man gemeinsam mit Michael Jackson um eine brennende Mülltonne tanzt.*

3. Wo steht das im Text? → KB 47

In der folgenden Tabelle findet ihr weitere Relativpronomen.
a) Sucht sie im Text *Computer-Fantastereien*.
(Die Genitivformen kommen im Text nicht vor.)

b) Übersetzt die Sätze, in denen sie stehen.

c) Versucht jetzt, die Tabelle zu ergänzen.

	Singular			*Plural*
	der Videoclip,	die Antwort,	das Programm,	die Wochen,
Nominativ	der ...		das ...	die ...
Akkusativ				
Dativ	in dem ...	mit der ...		
Genitiv	dessen ...	deren ...	dessen ...	deren ...

45

4. Was passt zusammen?

Es gibt mehrere Möglichkeiten.

Ich mag vor allem Spiele, — deren Spielregeln einfach sind.
Ich habe ein neues Brettspiel bekommen,
Ich habe ein Programm,
Ich habe einen PC zu Hause,
Ich möchte einen Beruf,
Es macht Freude mit Menschen zusammenzuspielen,
Mein Lieblingsspiel ist ein namenloses Strategiespiel aus Holz,
Wir spielen gerne Gesellschaftsspiele,

das ich auf einem Adventsbasar entdeckt habe.
das ich mir schon lange gewünscht habe.
die du magst.
in dem man viel am Computer arbeiten muss.
in denen man nicht nur Glück haben muss.
mit dem ich hauptsächlich spiele.
mit dem man Tabellen machen und Texte schreiben kann.

5. Verbinde die Sätze.

Ich habe einen alten Computer,
- der
- auf den
- dem
- den
- mit dem
- dessen

ich jetzt verkaufen möchte.
ich meistens spiele.
aber immer noch gut funktioniert.
ich bei meiner Arbeit gut verwenden kann.

Das ist eine Frage,
- auf die
- der
- die
- an die
- über die
- deren

man lange reden könnte.
man keine richtige Antwort findet.
du auch gestellt hast.
man denken müsste.

Ich kenne ein Spiel,
- dem
- dessen
- in dem
- über das
- das

sehr interessant ist.
Regeln man schnell lernen kann.
ich immer verliere.
du dich ärgern wirst.

Ich mag Computerspiele,
- in denen
- deren
- die
- für die

man schnell und geschickt sein muss.
mehrere Leute spielen können.
nicht sehr brutal sind.

6. Maskenball

- Kennst du das Mädchen, *das* am Fenster sitzt?
- Wie heißt der Junge, ____ gerade mit Anna tanzt?
- Das ist ja ein lustiges Kostüm, in ____ Klaus steckt.
- Wer ist denn der Bär, mit ____ Doro tanzt?
- Gefällt dir Renate, ____ sich als _____ verkleidet hat?
- Woher hat _____ denn das verrückte Kostüm, ____ er/sie trägt?
- Wer sind denn die beiden, ____ _____ ?
- Wie findest du die Kostüme, _____ ?

7. Kennst du dieses Spiel?

a) Ergänze den Text.

Mensch ärgere dich nicht
SPIELREGEL

Jeder Spieler erhält vier Spielfiguren, ____ er dann auf das gleichfarbige Versteck setzt. Man würfelt mit einem Würfel reihum. Der Spieler, ____ die höchste Augenzahl gewürfelt hat, beginnt. Wer eine 6 würfelt, darf in jedem Fall nochmals würfeln. Bei einer 6 darf der Spieler – er muss aber nicht – eine seiner Figuren, ____ noch in dem Versteck stehen, auf das Startfeld stellen.

Trifft eine Figur ein Feld, ____ eine gegnerische Figur besetzt, so wird die gegnerische Figur geschlagen und muss in ihr Versteck zurück.

Gewinner ist der Spieler, ____ Figuren die Zielfelder zuerst erreicht haben. In die vier Zielfelder kann nur mit direktem Wurf eingerückt werden.

Wenn nur zwei Personen spielen, kann jeder Spieler zwei Farben, also acht Figuren übernehmen. Dadurch wird das Spiel viel interessanter.

b) Spielt ihr dieses Spiel mit den gleichen Regeln?

8. Wortfamilie → KB 48–49
Erstellt eine Wortfamilie zu dem Verb *fliegen*.

fliegen

9. Wörter sammeln → KB 48–49
Sammle Verben, die in der Geschichte im Zusammenhang mit der Untertasse gebraucht werden.

in die Untertasse steigen
die Untertasse starten
_____
_____
_____
_____
_____

10. Eine Zeitungsmeldung → KB 48–49
Diese Zeitungsmeldung behielten Theodor, Susanne und die Maus als Andenken.

Geheimnisvolles UFO!

Notlandung einer fliegenden Untertasse

Auf dem Flughafen unserer Stadt landete gestern nachmittag ein sonderbarer Gegenstand: eine fliegende Untertasse unbekannten Typs. Der Pilot – ein Männchen von auffallend geringer Körpergröße – war wegen Treibstoffmangel zu einer Notlandung gezwungen. Er behauptete zwar, in dieser Stadt zu leben, doch halten Augenzeugen ihn für Bewohner eines fremden Himmelskörpers mit niedrigen Temperaturen. Er trug nämlich einen Raumanzug aus Pelz. Der Fall wird zur Zeit überprüft.

a) Wie konnte der Reporter diesen Artikel schreiben? Welche Fragen hat er gestellt?

Reporter	Flughafenangestellter
1. Wo war denn das unbekannte Flugobjekt gelandet?	Hier, auf dem Flughafen unserer Stadt.
2.	Gestern Nachmittag.
3.	Der Pilot war sehr klein.
4.	Weil er keinen Treibstoff mehr hatte.
5.	Er sagte, dass er aus unserer Stadt kommt.
6.	Ich glaube, dass er von einem fremden Stern kommt, auf dem es sehr kalt ist.
7.	Weil er einen Raumanzug aus Pelz trug.
8.	Die Polizei. Sie überprüft das alles.

b) Untersucht den Text genau. Wodurch ist der Artikel so kurz?

11. Schlagzeilen

13-Jährige im Computernetz der NASA [A]

Affe stürmt Wall Street [B]

Nessie nun im Meer gesichtet [C]

Formel-1-Sieger ohne Führerschein [D]

Schatzsuche im Rhein [E]

a) Zu welcher Schlagzeile passen die Fragen des Reporters?

☐ Wurden Ihre Papiere nie von der Polizei überprüft?
☐ Ab wann stand dann die CIA vor deiner Tür?
☐ Wo genau haben Sie das berühmte Monster gesehen?
☐ Warum lief es ausgerechnet in diese Straße?
☐ Hattet ihr eure Informationen aus der „Nibelungensage"?
☐ Hatten Sie keine Angst davor?
☐ Wie haben Sie sich Ihre ausgezeichneten Fahrkenntnisse angeeignet?
☐ Habt ihr schon etwas gefunden?
☐ Wie konnte das Tier aus seinem Käfig entkommen?

b) Wähle eine Schlagzeile aus und schreibe dazu einen Kurzartikel. Arbeite in folgenden Schritten:
● Stell dir genau vor, was passiert ist: Wer hat was, wo, wann, warum gemacht?
● Ergänze die Fragen oben mit weiteren.
● Notiere die Schlüsselwörter.
● Formuliere einen kurzen Text.

12. Finde verrückte Reime.

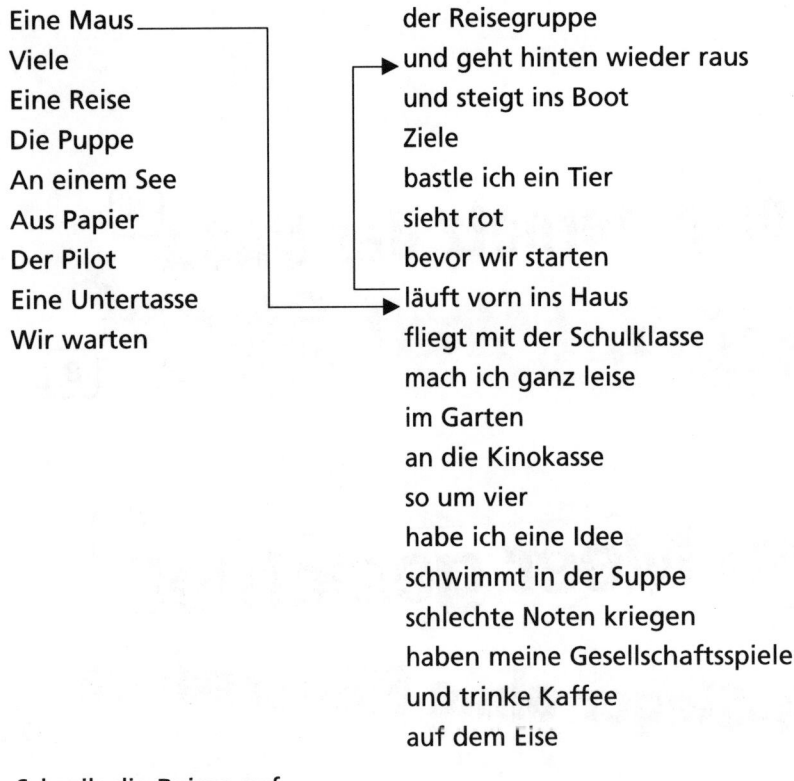

Eine Maus	der Reisegruppe
Viele	und geht hinten wieder raus
Eine Reise	und steigt ins Boot
Die Puppe	Ziele
An einem See	bastle ich ein Tier
Aus Papier	sieht rot
Der Pilot	bevor wir starten
Eine Untertasse	läuft vorn ins Haus
Wir warten	fliegt mit der Schulklasse
	mach ich ganz leise
	im Garten
	an die Kinokasse
	so um vier
	habe ich eine Idee
	schwimmt in der Suppe
	schlechte Noten kriegen
	haben meine Gesellschaftsspiele
	und trinke Kaffee
	auf dem Eise

Schreib die Reime auf.

*Eine Maus
läuft vorn ins Haus
und geht hinten wieder raus.*

WORTSCHATZ

Spiele und Spielzeuge

Puppe	Gameboy		Schwarzer Peter		Plüschtiere
	Kärtchen		Bank		
Schach		Start		erraten	Matchboxautos
Tetris		die Felder	Wörter auslegen		Mühle
Monopoly	ziehen			mischen	
		gewinnen			Mensch ärgere dich nicht
Computerspiele	würfeln		vorrücken		Basketball
Lego			Ziel	fangen	Blindekuh
Scrabble		den Gegner besiegen			
	eine Figur schlagen		Spielfigur		Memory
Rollenspiel					
	Versteckspiel		Videogames		Puzzle

LEKTION 6

Wie Schule sein soll

1. Welches Wort passt in die Sätze?

> e Klasse ● r Klassenraum ● e Nachhilfestunde ● e Kontrollarbeit ● r Verweis ● s Abitur
> ● e Schultasche ● e Ferien (Pl.) ● e Pause

a) Wenn er sich weiterhin so oft verspätet, bekommt er bald *einen Verweis*.
b) In _____ habe ich immer lange geschlafen und ich habe nie an die Schule gedacht.
c) Ich muss heute noch sehr viel lernen, wir schreiben morgen _____ in Geschichte.
d) Unsere _____ besteht aus 15 Jungen und 13 Mädchen.
e) Wenn man das Gymnasium beendet, kann man _____ machen.
f) Hast du meinen Stift gesehen? – Sieh mal in deiner _____ nach.
g) Montags gibt es _____ für diejenigen, die eine schlechte Note in Mathematik haben.
h) Wir können darüber in der großen _____ noch einmal reden.
i) Unser _____ ist relativ klein, da gibt es wenig Platz für uns.

2. Erkläre die Wörter.

a) *Das Zeugnis ist eine Urkunde, die die Noten eines Schülers enthält.*
b) Der Klassenraum ist ein Zimmer, in dem _____ .
c) Das Abitur ist eine Prüfung _____ .
d) Die Klasse ist eine Gemeinschaft _____ .
e) Die Note _____ .
f) Die Kontrollarbeit _____ .
g) Der Spickzettel _____ .

3. Wie heißen die Schulfächer?

	Montag	Dienstag	Mittwoch	Donnerstag	Freitag
1					
2					
3					
4					
5					
6					
7					

LEKTION 6

4. Schülersprüche

Kannst du die Schülersprüche beenden?

a) Nicht nur für die Schule lernen wir, ...

b) Wenn alles schläft und einer spricht, ...

c) In der Schule darf jeder seine Meinung sagen, nur ...

d) Sag mir, welche Noten du hast, und ich sage ...

Wenn du die Sätze nicht beenden kannst, findest du die zweiten Hälften am Ende der Lektion.

5. Verbformen → KB 55/5, 55/6

a) Lies noch einmal den Text *Schulschwänzertag* und unterstreiche alle Verben. Trage sie dann in die Tabelle ein.

Perfekt	Präteritum
ist gekommen	kam
hat getroffen	
ist gegangen	
hat es gegeben	
hat aufgenommen	
hat gesungen	
hat sich verkleidet	
ist gelangt	
hat getanzt	
hat demonstriert	
hat gewusst	

b) Perfekt verwenden wir, wenn wir mündlich über etwas berichten. Was denkt ihr: Wann verwenden wir Präteritum?

Es war einmal ein König und eine Königin. Sie hatten keine Kinder und waren sehr unglücklich darüber. Eines Tages erschien eine Fee und sagte: ...

6. Konjugation im Präteritum

Ergänze.

a)

	kommen	fragen	sein	werden	haben
ich		fragte			
du					hattest
er/sie/es		fragte			
wir			waren		
ihr				wurdet	
sie/Sie	kamen				

b)

	dürfen	können	müssen	sollen	wollen
ich		konnte			
du				solltest	
er/sie/es			musste		
wir	durften				
ihr					wolltet
sie/Sie					

7. Bilde Sätze im Präteritum.

a) die Jugendlichen, auf der Straße, tanzen — *Die Jugendlichen tanzten auf der Straße.*
b) die Schüler, zusammen, an den Fluss, gehen
c) ein Schüler, eine Puppe, mitbringen
d) die Puppe, wie, eine Winterhexe, aussehen
e) die Direktion, am nächsten Tag, alle Schüler, bestrafen
f) die Eltern, nicht wissen, dass, ihre Kinder, auf den Straßen, demonstrieren
g) ich, zum Schulfest, nicht gehen können, weil, krank sein
h) meine Mitschüler, mir, erzählen, wie, der Tag, verlaufen
i) ein Jahr später, alle Schulen, bei dem Fest, mitmachen

LEKTION 6

8. Stammformen des Verbs

Infinitiv	Präteritum	Perfekt
essen	aß	hat gegessen
finden		
gehen		
lesen		
nehmen		
schlafen		
schreiben		
sprechen		
stehen		

Präsens (Sg. 3.)
isst

Infinitiv	Präteritum	Perfekt
bringen		
kennen		
wissen		
denken		
rennen		

Infinitiv	Präteritum	Perfekt
antworten		
besuchen		
stellen		
berichten		
überlegen		
reisen		

Was haben die Verben in den einzelnen Gruppen gemeinsam?

9. Im Wörterbuch

Schaut in eurem Wörterbuch nach, wo ihr diese Verbformen findet.

55

10. Erkennst du das Verb?

Schreibe die Infinitivformen in die rechte Spalte.

Othmar Wagner

Über die Schule
Eine Geringschätzung

Chaplin konnte nie
eine Schule besuchen
und Mark Twain drückte sich vor ihr.
Rousseau bildete sich selbst fort
während der Musterschüler Kant
mit Schrecken und Bangigkeit
jener „Jugendsklaverei" gedachte.
Gerhart Hauptmann hielt man für dumm
weil er zweimal sitzenblieb.
Baudelaire verwies man
wegen „undiszipliniertes Verhalten"
und Schopenhauer schrieb ein
Spottgedicht.
Auch den jungen Brecht drohte
die Relegierung
(es gelang ihm übrigens nicht
seine Lehrer wesentlich zu fördern).
G. B. Shaw konnte nicht lernen
was ihn nicht interessierte
(sein Bildungsweg wurde nur durch
den Schulbesuch unterbrochen).
Selbst Adenauer mogelte sich durchs Abitur
(wie viele andere auch).
Richard Wagner hingegen
wurde ohne Reifezeugnis entlassen.
Später „Genie des Jahrhunderts" genannt
quälte Einstein sich ab
mit der Schule.
So verzweifelte Hesse, und so auch
schätze ich sie gering.

besuchen können

halten

unterbrochen werden

entlassen werden

11. Ergänzt die Geschichte.

Welche Verben passen in die Geschichte? Vorsicht, ein Verb bleibt zum Schluss übrig.

aufpassen • durchhalten • ~~drücken~~ • lauten • lernen • kommen • müssen • starten • werden

75 STUNDEN UNTERRICHT

Weltrekord für einen guten Zweck

Eine Schulklasse aus Niederösterreich im Guiness Buch der Rekorde! Die 2 b der Höheren Lehranstalt für Umwelt und Wirtschaft in Ypsertal _drückte_ 75 Stunden lang Tag und Nacht die Schulbank.

Die 28 Schüler _____ am Mittwoch, dem 17. April, vor Zeugen in der Aula der Schule. Das Ziel _____, 75% der Schüler ohne Schlafen über die Distanz zu bringen. Auf 60 Minuten Unterricht _____ fünf Minuten Pause. Alle Fächer _____ unterrichtet, ein Arzt _____ _____. Nur zwei Schüler _____ früher aufhören, alle anderen _____ bis zum Samstag _____.

Damit hatten die Ypsertaler den alten Rekordhalter, ein deutsches Gymnasium, um 45 Minuten übertroffen.

Die „Niederösterreichischen Nachrichten", die Niederösterreichische Versicherung und die Landesregierung sponsorten das Projekt mit insgesamt 90.000 Schilling. Anfang dieses Monats fährt die 2 b ins tschechische Veseli, um den Betrag dort ihrer Partnerschule für Laboreinrichtungen zu überreichen.

Christina Weichselbaumer
(TOPIC)

12. Schwer zu lernen

a) Eine 70-jährige Frau erzählt folgende Geschichte. Wir haben aber einige Wörter gestrichen. Ergänze sie.

Dass 3×7 21 ist, wollte nicht in meinen Kopf hinein, jedenfalls nicht zu der Zeit, in der wir das 1×1 pauken _____. Wir _____ es rein mechanisch auswendig, und nach dreimal sieben _____ ich immer dreiundzwanzig sagen. Erst nachdem ich nachgedacht hatte, _____ die Aufgabe für mich leicht, und ich habe sie nie wieder falsch gemacht.

b) Was war für dich schwer zu lernen?

13. Eine Geschichte aus der Schule

- Wählt ein Bild aus.
- Sammelt Wörter und Ausdrücke, die zum Bild passen.
- Schreibt eure Geschichte.

Achtet dabei besonders auf die Verbformen.

14. Deine Schulgeschichte

Du hast in der Schule bestimmt auch interessante Geschichten erlebt. Erzähle eine davon.

> Es war einmal ein …
> An einem Tag …
> Einmal ist etwas Unglaubliches passiert …

15. Verbote und Vorschriften → KB 53/13

Formuliere die Verbote und die Vorschriften.

Du darfst nicht.	→	**Es ist verboten.**
Du darfst nicht sprechen.		*Es ist verboten zu sprechen.*
Du darfst nicht rauchen.		
Du darfst nicht abschreiben.		
Du darfst nicht hupen.		
Du darfst nicht Kaugummi kauen.		

Du musst pünktlich kommen.	→	**Du hast pünktlich zu kommen.**
Du musst deine Hausaufgaben machen.		*Du hast …*
Du musst im Unterricht aufpassen.		
Du musst dein Heft mitbringen.		
Du musst auf deinen Lehrer hören.		

16. Schüler über Schulordnung → KB 60

Wer möchte was?

Was?	*Wer?*
1. Möchte nie Hausaufgaben bekommen.	*Kai*
2. Möchte weniger Unterricht haben.	
3. Möchte einen Stundenplan nach Wunsch.	
4. Möchte die Klassenarbeiten schreiben, wann es ihm passt.	
5. Möchte keine schriftlichen Benachrichtigungen vom Lehrer.	
6. Möchte längere Pausen.	
7. Möchte Lehrer, die geduldig erklären können.	
8. Möchte samstags keine Schule haben.	
9. Möchte etwas später Unterricht haben.	
10. Möchte nicht unfreiwillig aufgerufen werden.	
11. Möchte bestimmte Fächer ganz abschaffen.	
12. Möchte Platz zum Fußballspielen.	

Lösung der Übung 4:

a) … sondern fürs Leben.
b) … dann nennt man das den Unterricht.
c) … nicht zu jedem Thema.
d) … dir, wer neben dir sitzt.

WORTSCHATZ

Schulsachen

Schulgebäude

r Sportplatz
e Schulbibliothek
e Turnhalle mit Ankleideräumen
e Schulwerkstatt
e Aula
e Mensa
r Fachraum
s Labor
r Klub
e Cafeteria
s Lehrerzimmer
s Treppenhaus
r Schulgarten
_____
_____
_____

Schulleben

s Schulradio / r Schulfunk
e Schülerzeitung
r Chor / s Orchester
e Band
e Partnerschule
_____
_____

Schulfach

s Pflichtfach
s Wahlfach
r Leistungskurs
e Arbeitsgemeinschaft (AG)
_____
_____

Lehrer

erteilen Noten
fragen Schüler über etw. ab
nehmen Schüler dran
informieren (auch Eltern)
bestellen Eltern in die Schule
_____
_____

Schüler

bekommen Noten
melden etw.
finden eine Ausrede
schreiben die Hausaufgabe vom Nachbarn ab
vergessen _____ zu Hause
ärgern die Lehrer
_____

Schulleitung

e Schulleitung
r Direktor
e Sekretärin
s Lehrerkollegium
r Fachlehrer
r Klassenlehrer
r Hausmeister
_____

Schulordnung

e Klassenordnung
r Schülersprecher
e Schülervertretung (SV)
r Schülervertreter
r Elternbeirat
r Elternsprechtag
_____
_____

Traumberuf Schüler

e Note
e Kontrollarbeit
r Test
s Zeugnis
r Spickzettel
r Verweis
blauer Brief
_____

LEKTION 7

Bücher sind wie große Ferien

1. Welches Verb passt? → KB 62/1

Suche alle Möglichkeiten.

> erfinden • drucken • herstellen • entdecken • erzählen • verwenden • verbreiten

a) einen neuen Erdteil _____
b) eine Geschichte _____
c) eine Maschine _____
d) eine Nachricht _____
e) ein Wörterbuch _____
f) ein Auto _____
g) eine Schülerzeitung _____
h) einen Fehler _____

Bilde mit diesen Ausdrücken auch Sätze.

2. Was passt nicht?

a) Idee • Erfindung • Epoche • Entdeckung
b) schaffen • meinen • herstellen • entwickeln
c) Reiseführer • Roman • Novelle • Märchen
d) Schilf • Tierhaut • Metall • Holz
e) drucken • schreiben • herausgeben • kaufen
f) erzählen • informieren • sich verbreiten • beschreiben

3. Erzähle.

Tauchst du gern in der Fantasiewelt der Bücher unter, oder bist du eher ein aktiver, sportlicher Typ? Erzähle über deine Interessen.

> Ich interessiere mich besonders für _____.
> Für _____ interessiere ich mich weniger.
> Früher habe ich mich für _____ ziemlich interessiert, heute beschäftige ich mich eher mit _____.
> Ich treffe mich gern mit _____, wir treffen uns _____.
> Ich langweile mich _____.
> Ich fühle mich am wohlsten, wenn _____.
> Ich kümmere mich gern um meine Geschwister/_____.
> _____
> _____

4. Verben mit sich

Die Verben in Übung 3 stehen mit dem Pronomen *sich*. Die sich-Verben kann man in verschiedene Gruppen teilen:

a) *Du erkältest dich bei diesem Wetter.*
Viele erholen sich im Sommer am Wasser.

Das Verb steht immer mit dem Pronomen *sich*, es ist reflexiv.

b)

Er ärgert sich über seine schlechte Note.    *Er ärgert seinen Mitschüler.*

Das Verb kann reflexiv verwendet werden, aber es kommt auch ohne das Pronomen *sich* vor. In diesem Fall bezieht sich die Bedeutung auf ein anderes Objekt.

c)

Peter küsst Inge.
Inge küsst Peter. → *Sie küssen sich.*

Rolf prügelt Klaus.
Klaus prügelt Rolf. → *Sie prügeln sich.*

Das Pronomen *sich* drückt Gegenseitigkeit aus. Dann handelt es sich um reziproke Verben.

Ergänze die Konjugation:

ich	beschäftige	
du		dich
er/sie/es	interessiert	sich

	erkälten	uns
ihr	wascht	
sie		sich

5. Ergänze das Subjekt und das Pronomen *sich*.

a) *Ich* wundere *mich* immer wieder darüber, wie schön du schon Klavier spielen kannst.
b) Hast _____ _____ schon für den nächsten Sprachkurs angemeldet?
c) Wenn _____ _____ schon verspätest, solltest _____ _____ wenigstens dafür entschuldigen.
d) Geht es Ines schon besser? Wie fühlt _____ _____ heute?
e) Jörg kommt heute nicht, weil _____ _____ gestern im Regen erkältet hat.
f) Beeilen _____ _____! Sonst kommen wir wieder zu spät.
g) _____ müsst _____ verbessern, wenn ihr die Prüfung bestehen wollt.
h) Seine Eltern haben viel Streit, deshalb lassen _____ _____ scheiden.

6. Sich-Verben mit Präpositionen

Was haben diese Verben gemeinsam?

sich interessieren **für** _____
sich beschäftigen **mit** _____
sich kümmern **um** _____

Viele sich-Verben stehen mit einer Präpositionalergänzung.

Ergänze die Sätze.

a) Meine Mutter kümmert sich um _____.
b) Wir freuen uns über _____.
c) Mein Klassenlehrer hat sich über _____ gewundert.
d) Unser Nachbar regt sich über _____ immer auf.
e) Ich ärgere mich oft über _____.
f) Sie unterhalten sich gerade über _____.
g) Beschäftigt ihr euch gern mit _____?
h) Freust du dich auf _____?
i) Das Mädchen verabschiedet sich von _____.
j) Erinnerst du dich an _____?
k) Immer mehr Jugendliche interessieren sich für _____.

7. Was passt zusammen?

Er interessiert sich besonders	auf die schönen Tage am Meer.
Sie verliebte sich schon wieder	mit Lena.
Wir beschäftigen uns schon lange	in einen Schauspieler.
Ich erinnere mich	für alte Autos.
Sie kümmert sich	mit diesem Problem.
Wir freuen uns schon	von Schliemanns Entdeckungen.
Dieses Buch handelt	an seinen Namen nicht.
Ich treffe mich heute	um ihre kranke Großmutter.

8. Bilde Sätze.

sich ärgern	über	die Probleme
sich aufregen	auf	die Reise
sich interessieren	nach	der Sommerurlaub
sich beschweren	an	ein neues Buch
sich freuen	für	meine Verspätung
sich erinnern		die Ungerechtigkeit

_____ _____

_____ _____

9. Ordne die Wörter zu Sätzen.

Entscheide, wo *sich* nötig ist. Die richtigen Artikel sind noch einzufügen.

a) ich, hinlegen, für eine Stunde — *Ich habe mich für eine Stunde hingelegt.*

b) Peter, waschen, Auto _____

c) er, beschäftigen, mit, Problem _____

d) du, entschuldigen, beim Lehrer, für Verspätung _____

e) wir, nicht ändern, unsere Meinung _____

f) können, ihr, erinnern, Frau Schön _____

g) warum, du, ärgern, Nachbarkind _____

10. Unterschiede

Ich wasche *mich*.   Ich wasche *mir* die *Hände*.

Wenn es ein Akkusativ-Objekt gibt, das auch zum reflexiven Verb gehört, dann steht das Pronomen *sich* im Dativ.

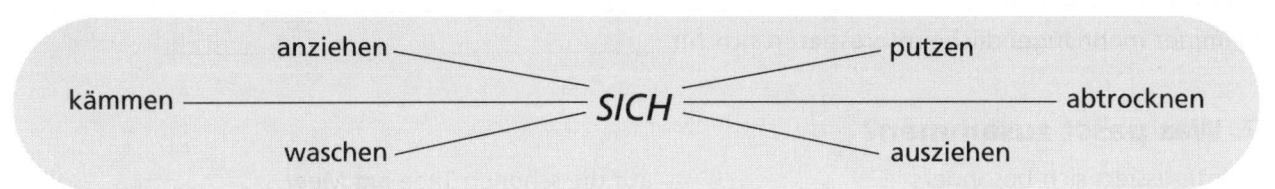

                anziehen   putzen
    kämmen ——————— SICH ——————— abtrocknen
                waschen   ausziehen

Vergleiche die Deklination des Pronomens *sich* in Akkusativ und in Dativ:

ich wasche *mich*	ich wasche *mir* die Hände
du wäschst _____	du wäschst *dir* die Hände
er _____ _____	er wäscht *sich* die Hände
wir _____ _____	wir waschen *uns* die Hände
ihr _____ _____	ihr wascht *euch* die Hände
sie _____ _____	sie waschen *sich* die Hände

11. Ergänze *dich* oder *dir*.

Deine Mutter macht dich auf vieles aufmerksam:
a) Zieh _____ heute deinen warmen Pullover an! Es ist kalt draußen.
b) Warum kämmst du _____ so verrückt?
c) Kannst du _____ das Haar nicht richtig abtrocknen? Du wirst dich erkälten.
d) Wasch _____ auch den Hals!
e) Schmink _____ nicht so sehr!
f) Zieh _____ jetzt aus und geh schlafen!
g) Kämm _____ doch die Haare!
h) Wasch _____ schnell und komm dann frühstücken!
i) Putz _____ doch endlich die Nase!
j) Hier ist das Handtuch. Trockne _____ ab!

12. Im Bad

a) Hier werden sehr viele Tätigkeiten mit sich-Verben ausgedrückt. Sammle möglichst viele anhand der Zeichnung.

b) Führe jetzt ein diskretes Interview mit deinem Nachbarn.
Beispiel:
Duschst du dich morgens kalt oder warm?

	am Morgen	am Abend
sich duschen, waschen, ... wie lange? kalt/warm? mit/ohne Seife? ...		
sich die Haare waschen sich kämmen, bürsten, ... wie lange?/wie oft? ...		

13. Übersetze.

a) Karin und Petra verstehen sich gut.
b) Meine Eltern lernten sich vor 20 Jahren kennen.
c) Wahre Freunde helfen sich.
d) Wir kennen uns schon ziemlich gut.
e) Wir sehen uns in zwei Wochen.
f) Warum hasst ihr euch?
g) Sie lieben sich wirklich.

14. Würfelspiel

Nehmt einen schwarzen und einen roten Würfel, und werft beide auf einmal. Bildet Sätze wie im Beispiel:

Schwarz: 2, Rot: 1 – *Du musst dir die Hände waschen.*
oder
Hast du dir die Hände schon gewaschen?

schwarz	rot
1. ich	1. sich, waschen, die Hände
2. du	2. sich, erholen, im Sommer, am Bodensee
3. er/sie/es/man	3. sich, aufregen, über, diese Nachricht
4. wir	4. sich, interessieren, für, romantische Geschichten
5. ihr	5. sich, befinden, in, die Vorhalle
6. sie/Sie	6. sich, streiten, um, das neue Fahrrad

15. Korrigiere die Fehler.

a) Wir ärgern nur über sie.
b) Wofür interessierst du?
c) Hast du die Zähne geputzt?
d) Wo treffen wir?
e) Mit wem hast du getroffen?
f) Reg bitte nicht auf!

16. Sammelt Wörter. → KB 65

Lest den Text *Das Bücherschloss* und sucht Wörter, die zu den Oberbegriffen passen.

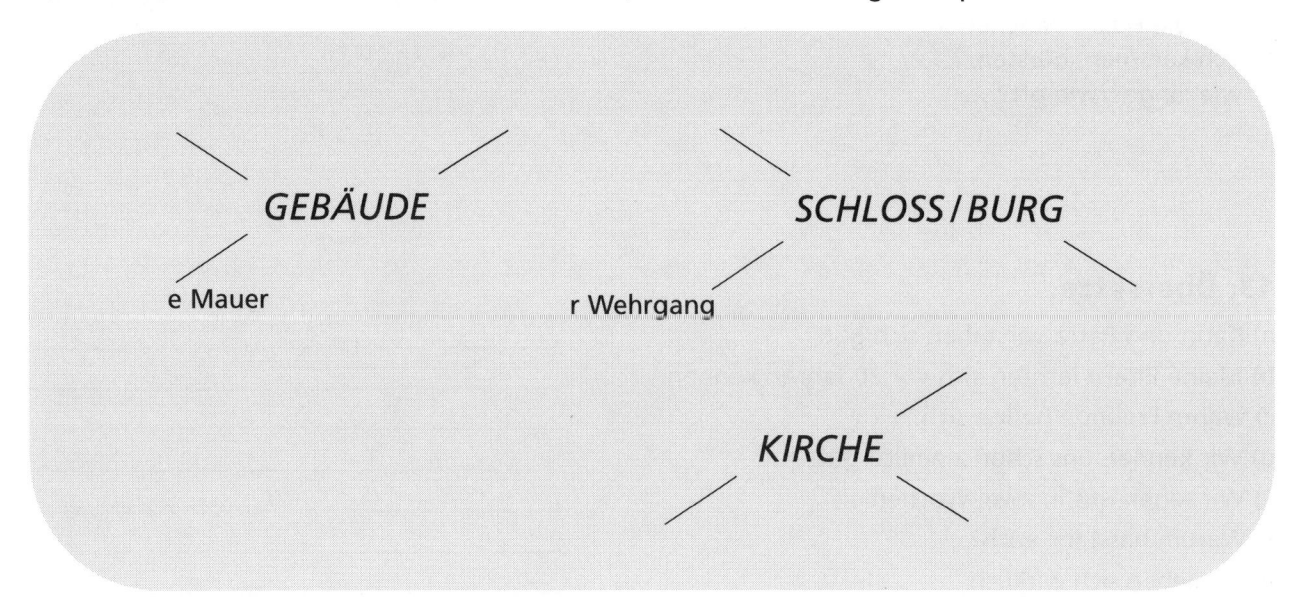

GEBÄUDE
e Mauer

SCHLOSS/BURG
r Wehrgang

KIRCHE

17. Genaue Bedeutung

Schlage in einem einsprachigen Wörterbuch nach, schreibe die Bedeutung heraus und vervollständige dann die Sätze.

a) r Raum, ¨e: _____

   r Saal, ¨e: _____

- Die Gäste versammelten sich im größten _____ des Schlosses.
- In diesem _____ können sich die Kinder nachmittags aufhalten.
- Unsere Wohnung hat drei _____ .
- Das Konzert fand in einem feierlich geschmückten _____ statt.

b) e Burg, -en: _____

   s Schloss, ¨er: _____

- Die Kinder am Strand bauten viele _____ aus Sand.
- Ich würde gern einmal die berühmten _____ an der Loire besichtigen.
- Am Rhein findet man viele _____ aus dem Mittelalter.
- Bei schönem Wetter gehen viele Menschen im _____park spazieren.

18. Zusammengesetzte Wörter im Text → KB 65

a) Kannst du dich an die zusammengesetzten Wörter im Text *Das Bücherschloss* erinnern?

Schloss Blutenburg wurde einst von Herzog Albrecht III. als *Jagd***schloss** errichtet.
Einige _____**reste** sind älter als 500 Jahre.
Einer der vier Türme um das Herrenhaus ist der _____**turm**.
Neben dem Wehrgang befindet sich der ehemalige _____**stall**.
In der Kirche mit dem _____**dach** steht ein sehr schöner _____**altar**.
Diese Kirche ist heute eine beliebte _____**kapelle** in München.
Das ehemalige _____**gebäude** beherbergt heute die Kinderbuchausleihe.
Im ersten Stock ist ein großer _____**saal** für Erwachsene.
Der Wehrgang wurde zu einem _____**raum** für Bilderbuchkunst ausgebaut.

b) Versuche, mit den fettgedruckten Grundwörtern andere Zusammensetzungen zu bilden:

Beispiel: Schweine-   -stall
Schweinestall   Glocken-   -saal
                 Essens-   -raum
                 Schul-   -altar
                 Speise-   -dach
                 Klassen-   -reste
                 Marien-   -turm
                 Barock-   -kapelle
                 Märchen-   -schloss
                 Kirchen-   -gebäude

19. Über ein Buch → KB 66/8

a) Lies den folgenden Text und streiche alles, was nicht unbedingt nötig ist.

> Das Buch Jakob ist kein armer Vogel von Gabriele Heiser erschien 1985 beim Rowohlt Taschenbuch Verlag in Hamburg.
> Vorne im Buch steht: „Dem Paulchen und allen, die auch nicht fliegen können". Die Autorin schrieb die Geschichte nämlich für ihren Sohn Paul. Er ist behindert und kann deshalb nicht all die Dinge tun, die für andere Kinder ganz normal sind.
> Gabriele Heisers Buch handelt von einem Vogel, einem tollen Vogel, einem Albatros. Albatrosse sind sehr große Vögel. Sie leben in den südlichen Ozeanen und sind dafür bekannt, dass sie besonders gut fliegen können. Aber der junge Albatros Jakob kann nun ausgerechnet nicht das, was alle anderen Albatrosse so gut können: fliegen … Jakob lebt mit seinen Albatros-Eltern, Elda und Johannes, auf einer Ozeaninsel. Dass er noch immer nicht fliegen kann und sogar Angst vor dem Meer hat, findet er selber ganz normal. Aber die stärksten Albatrosse der Insel hören von der ungewöhnlichen Sache und wollen Jakob vom höchsten Felsen der Insel werfen, wenn er nicht innerhalb eines Jahres tauchen, schwimmen und fliegen lernt. Jakobs Eltern machen sich große Sorgen und holen sich Rat bei weisen Tieren in der ganzen Welt, z.B. beim Elefanten Gowinda und sogar bei einem Menschen, Jonathan. Aber niemand weiß, wie Jakobs Problem gelöst werden kann. Und so kommt der Prüfungstag …
> Alle Albatrosse versammeln sich gegen Mittag an der Klippe. Die Ältesten beschließen, dass Jakob fliegen muss, sonst darf er nicht auf ihrer Insel leben. Doch Jakob hat viele Freunde, denn oft tröstet er die jungen Albatrosse, singt ihnen wunderschöne Lieder und bringt ihnen schöne Spiele bei. Sie und ihre Eltern nehmen Jakob in Schutz, es kommt zu einer heftigen Diskussion zwischen ihnen und den Ältesten. Die ungerechten und starrsinnigen Ältesten erleiden eine Niederlage. Johannes und Elda gehen glücklich nach Hause: Jakob ist gerettet.

b) Schreibe eine Zusammenfassung in 5–6 Sätzen und fertige eine Karteikarte zum Buch an.

20. Märchentelegramme

a) Die folgenden „Telegramme" sind eigentlich stark verkürzte Märchen. Kannst du erraten, welche?

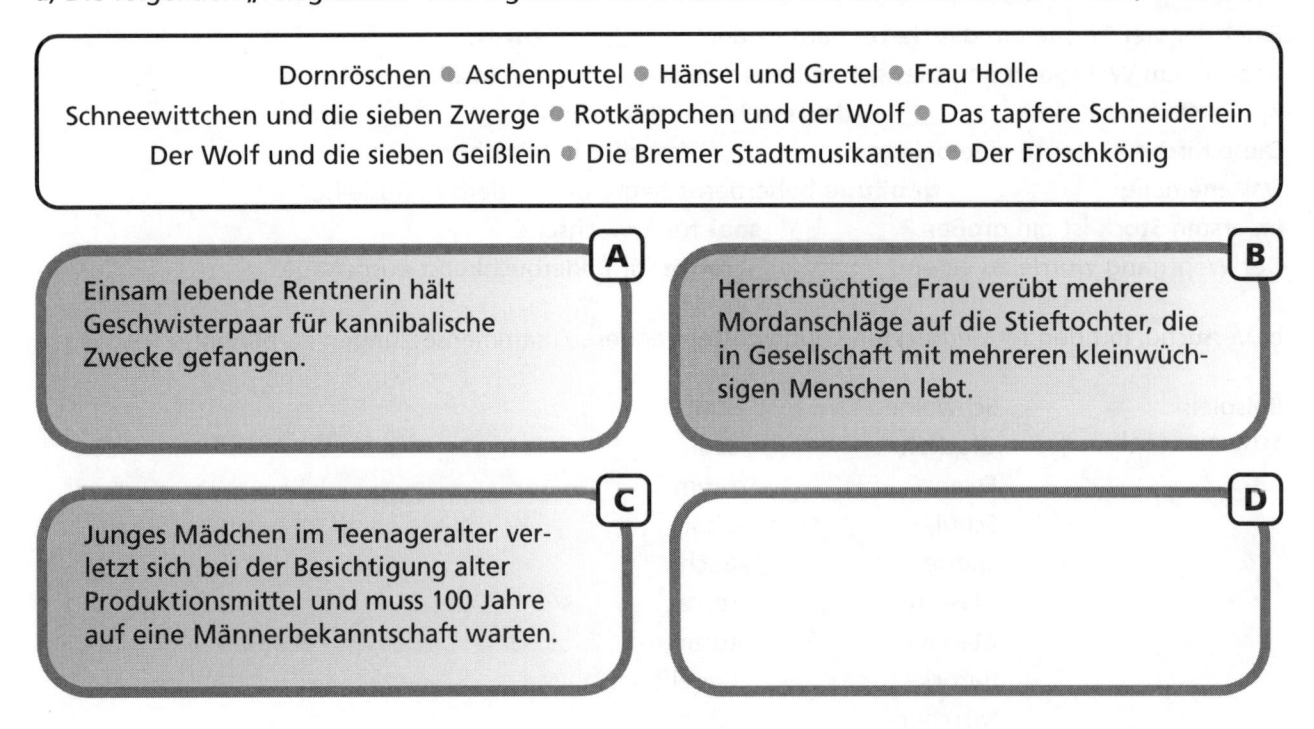

> Dornröschen • Aschenputtel • Hänsel und Gretel • Frau Holle
> Schneewittchen und die sieben Zwerge • Rotkäppchen und der Wolf • Das tapfere Schneiderlein
> Der Wolf und die sieben Geißlein • Die Bremer Stadtmusikanten • Der Froschkönig

A Einsam lebende Rentnerin hält Geschwisterpaar für kannibalische Zwecke gefangen.

B Herrschsüchtige Frau verübt mehrere Mordanschläge auf die Stieftochter, die in Gesellschaft mit mehreren kleinwüchsigen Menschen lebt.

C Junges Mädchen im Teenageralter verletzt sich bei der Besichtigung alter Produktionsmittel und muss 100 Jahre auf eine Männerbekanntschaft warten.

D

b) Versucht, ähnliche Märchentelegramme zu erfinden.

WORTSCHATZ

Lesen oder fernsehen?

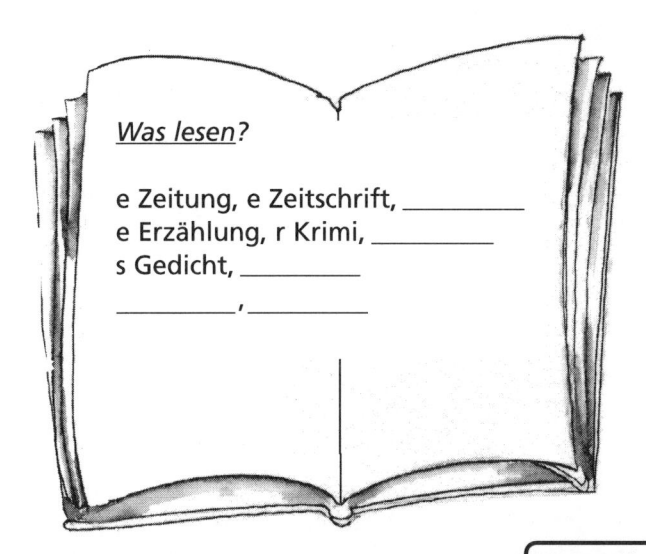

Was lesen?

e Zeitung, e Zeitschrift, _____
e Erzählung, r Krimi, _____
s Gedicht, _____
_____, _____

Welche Sendungen sehen?

r Dokumentarfilm,
e Unterhaltungssendung,
e Sportübertragung, _____
_____, _____

Was machen?

das Buch aufschlagen
im Wörterbuch ein unbekanntes Wort
  nachschlagen
sich ein Buch ausleihen
eine Zeitschrift abonnieren
in einem Buch blättern
nach Informationen zu _____ suchen
eine Anleitung/ein Rezept studieren
im Katalog/Verzeichnis suchen
_____

den Fernseher anmachen/einschalten
                ausmachen/ausschalten
auf einen anderen Sender umschalten
sich einen Film ansehen
im Fernsehen die Übertragung eines
  Fußballspieles ansehen
_____
_____
_____

Inhalte zusammenfassen

In diesem Buch geht es um einen Jungen,
  der …
Diese Erzählung handelt von einer Familie,
  die …
Diese Erzählung handelt davon, wie sich die
  Menschen verhalten, wenn …
Dieser Roman beschreibt das Leben im
  Mittelalter.
Der Film spielt im 19. Jahrhundert.
_____
_____

Inhalte beurteilen

die Geschichte   der Artikel
ist spannend   ist ziemlich langweilig
  interessant   sinnlos
  witzig   nicht gut ge-
  lehrreich   schrieben
  fantasievoll   _____
  fantastisch   _____
  _____

finde ich einzigartig   gefällt mir nicht be-
erweckt Interesse   sonders
liest sich gut/leicht   _____
_____

LEKTION 8

Halb Ware, halb Müll

1. Ein Aufruf

Lies den Text und beantworte folgende Fragen:

- Wer schreibt an wen?
- Mit welchem Ziel?
- Welche Aufgaben haben die Mitarbeiter der Firma?
- Was sollen die Gäste tun?

Gemeinsam für eine saubere Umwelt

Liebe Gäste,

unsere Restaurants haben sich verpflichtet, in allen Bereichen des Systems umweltbewusst zu handeln.

Unser Umweltprogramm „Wertstoffrückgewinnung"[1] beinhaltet Maßnahmen[2] zur Vermeidung, Verminderung und Verwertung von Reststoffen. Für eine saubere Umwelt.

Innerhalb unserer Restaurants funktioniert die Sammlung und Sortierung von Abfällen problemlos.

Für unsere Gäste, die ihr Essen mitnehmen, stehen außerhalb genügend Abfallbehälter, die regelmäßig entleert werden, zur Verfügung[3]. Zusätzlich kontrollieren unsere Mitarbeiter die nähere und oft auch die weitere Umgebung der Restaurants und sammeln Abfälle ein.

Die Mehrzahl unserer Gäste hilft hier entscheidend mit, indem die vorhandenen Behälter genutzt werden. Denn eine saubere Umgebung wünschen wir uns alle.

Gemeinsam können wir erreichen, dass die Straßen sauber sind. Bitte benutzen Sie, wenn Sie Ihre Mahlzeit mitnehmen, vorhandene Abfallbehälter und nicht einfach das Autofenster.

Ökologische Initiativen[4] und umweltbewusstes Handeln sind nur dann erfolgreich, wenn jeder mitmacht.

Ihr _____

---

1 e Wertstoffrückgewinnung: aus altem Material neues gewinnen, z.B. aus alten Aludosen neue Dosen machen
2 Maßnahme,-n: Aktion, um etwas zu verbessern, zu verhindern usw.
3 zur Verfügung stehen: etwas ist da, um es zu gebrauchen
4 ökologische Initiative: eine Umweltaktion, man macht etwas zur Verbesserung der Umwelt

2. Eine Zeitungsnachricht

Lies den Artikel und beantworte folgende Fragen:

- Worüber berichtet der Journalist?
- Wer hat die Linde unter Schutz gestellt?
- Wer hat sie stark beschädigt?
- Wer hat sie gefällt?
- Was hat die Gemeinde erlassen?
- Wie hoch war die Strafe?

Gefällte Linde kommt Baufirma teuer

Unterschleißheim – 5.000 Euro muss eine Baufirma für eine 40 Jahre alte, geschützte Linde[1] bezahlen, die widerrechtlich[2] gefällt[3] wurde. Sie war vor den Bauarbeiten unter Schutz gestellt worden. Bei einer Ortsbesichtigung stellte die Gemeinde fest, dass die Linde fehlte. Die Baufirma behauptete, der Baum wäre bei den Bauarbeiten so stark beschädigt[4] worden, dass er gefällt werden musste. Die Gemeinde erließ dennoch einen Bußgeldbescheid[5] über 5.000 Euro und hofft, dass in Zukunft der Natur mehr Achtung entgegengebracht[6] wird, damit sich ein solcher Baummord nicht wiederholt.

---

1 e Linde: ein Baum, der in Deutschland häufig vorkommt
2 fällen: einen Baum abschneiden
3 widerrechtlich: man darf das eigentlich nicht. Es ist gegen das Gesetz.
4 beschädigt werden: etwas geht kaputt, hat einen Schaden
5 Bußgeldbescheid erlassen: einen Strafzettel ausstellen. Darauf steht, wie viel man bezahlen muss.
6 Achtung entgegenbringen: etwas/jemanden mögen und daher darauf aufpassen

---

3. Texte vergleichen

Vergleiche die zwei Texte in Übung 1 und 2. Achte dabei besonders auf die Form der Prädikate und auf die Subjekte.

Text 1

Gemeinsam für eine saubere Umwelt

Liebe **Gäste**,

unsere Restaurants *haben sich verpflichtet* …

Unser Umweltprogramm … *beinhaltet* Maßnamen zur Vermeidung, …

Zusätzlich *kontrollieren* **unsere Mitarbeiter** … und *sammeln* …

Die Mehrheit unserer Gäste *hilft* … *mit*, …
Denn eine saubere Umgebung *wünschen* **wir** uns alle.

Gemeinsam *können* **wir** *erreichen*, …
Bitte *benutzen* **Sie** …

Text 2

Gefällte Linde kommt Baufirma teuer

Gefällte **Linde** kommt Baufirma teuer

5.000 Euro muss eine Baufirma für eine … geschützte **Linde** bezahlen, **die …** *gefällt wurde.*

Sie *war* … unter Schutz *gestellt worden.*

… **die Linde** *fehlte.*

… **der Baum** *wäre* so stark *beschädigt worden*, dass **er** *gefällt werden musste.*

Die Gemeinde *erließ* einen Bußgeldbescheid über 5.000 Euro und *hofft*, dass … der Natur mehr Achtung *entgegengebracht wird*, …

Der erste Text beinhaltet Aktivformen (jemand macht etwas), im zweiten Text kommen viele Passivformen vor (es wird etwas gemacht). Was denkt ihr, womit lässt sich der Unterschied erklären?

4. Wie heißt der Infinitiv?

Auch die folgenden Sätze stammen aus Zeitungsartikeln und Broschüren zum Thema Umwelt.
Unterstreiche die Prädikate und gib die Infinitivformen an.

a) Unsere Umwelt <u>wird zerstört</u>. ⟶ *zerstören*
b) Aus dem gemischten Plastikmüll werden z.B. Parkbänke und Blumentöpfe gegossen. ⟶ _____
c) Die meist verschmutzten Folien müssen verbrannt werden. ⟶ _____
d) Papier und Glas können wieder verwertet werden. ⟶ _____
e) Nicht alles kann so einfach wieder verwertet werden wie Papier und Glas. ⟶ _____
f) Bestimmte Verpackungen müssen vom Geschäft, aus dem sie stammen, zurückgenommen werden. ⟶ _____
g) Viele Verpackungen müssen zuerst gereinigt werden. ⟶ _____
h) Der „Punkt" auf Waren, Verpackungen aus Österreich wird in allen Farben gedruckt. ⟶ _____
i) Einwegverpackungen sollten verboten werden. ⟶ _____
j) Nur etwa die Hälfte der Produkte, die das Emblem des grünen Punkts tragen, können wieder verwertet werden. ⟶ _____

5. Was befindet sich in welchem Behälter?

	e Schachtel	r Container	r Mülleimer	e Tonne	s Fass	e Dose	e Flasche	r Kasten	r Becher	s Röhrchen	e Tube	e Tüte	r Karton
r Abfall	☐	☐	☐	☐	☐	☐	☐	☐	☐	☐	☐	☐	☐
s Bier	☐	☐	☐	☐	☐	☐	☐	☐	☐	☐	☐	☐	☐
r Kaffee	☐	☐	☐	☐	☐	☐	☐	☐	☐	☐	☐	☐	☐
Tabletten (Pl.)	☐	☐	☐	☐	☐	☐	☐	☐	☐	☐	☐	☐	☐
s Büchsenfleisch	☐	☐	☐	☐	☐	☐	☐	☐	☐	☐	☐	☐	☐
e Zahnpasta	☐	☐	☐	☐	☐	☐	☐	☐	☐	☐	☐	☐	☐
r Müll	☐	☐	☐	☐	☐	☐	☐	☐	☐	☐	☐	☐	☐
s Medikament	☐	☐	☐	☐	☐	☐	☐	☐	☐	☐	☐	☐	☐
Streichhölzer (Pl.)	☐	☐	☐	☐	☐	☐	☐	☐	☐	☐	☐	☐	☐
Schuhe (Pl.)	☐	☐	☐	☐	☐	☐	☐	☐	☐	☐	☐	☐	☐
e Milch	☐	☐	☐	☐	☐	☐	☐	☐	☐	☐	☐	☐	☐
r Wein	☐	☐	☐	☐	☐	☐	☐	☐	☐	☐	☐	☐	☐
r Joghurt	☐	☐	☐	☐	☐	☐	☐	☐	☐	☐	☐	☐	☐

LEKTION 8

6. Verpackungen

Wie werden verschiedene Waren verkauft? Wie werden verschiedene Waren verpackt? Die Tabelle in Übung 5 hilft euch.

Beispiel:
*Gemüse **wird** in Dosen und Gläsern **verkauft**.*
*Elektrogeräte **werden** in Kartons **verpackt**.*
…

7. Wie wird die Umwelt verschmutzt?

Verbinde.

Der Müll
Das Altpapier
Der Küchenabfall
Kaputte Apparate
Viele Waren

wird / werden

nicht mehr repariert.
in Plastik oder Alufolie verpackt.
nicht zur Sammelstelle gebracht.
auf der Straße weggeworfen.
oft nicht getrennt.

8. Was sollte man bevorzugen?

Formuliere einen Aushang an alle Schüler und Lehrer.

Verwende statt Einwegkulis Kugelschreiber mit austauschbarer Mine
Kaufe statt …

- statt Ordner / Mappen aus Plastik Ordner aus _____
- statt Schultaschen aus Plastik dauerhafte _____
- statt Getränkedosen _____
- statt Plastiktüten _____
- statt Filzstiften _____
- statt Heftumschlägen aus Kunststoff _____
- _____

9. Tipps für den bewussten Einkauf

a) Erkläre die Tipps, schreibe kurz, was man tun sollte.

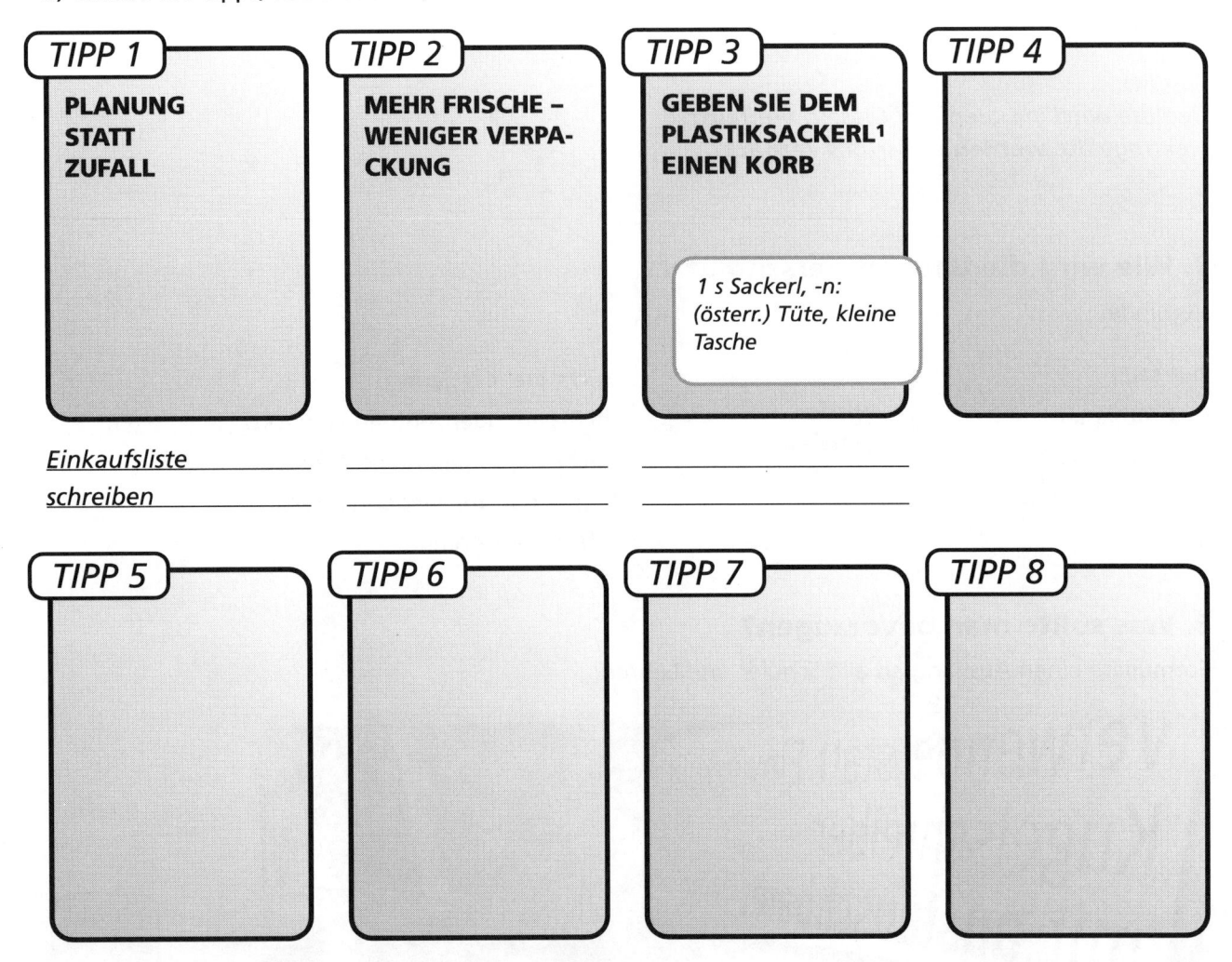

TIPP 1
PLANUNG STATT ZUFALL

TIPP 2
MEHR FRISCHE – WENIGER VERPACKUNG

TIPP 3
GEBEN SIE DEM PLASTIKSACKERL[1] EINEN KORB

1 s Sackerl, -n: (österr.) Tüte, kleine Tasche

TIPP 4

Einkaufsliste schreiben

TIPP 5

TIPP 6

TIPP 7

TIPP 8

b) Formuliere weitere Tipps für den bewussten Einkauf. Sie sollten – wie die Beispiele zeigen – kurz und knapp sein.

10. Etwas für die Umwelt tun: Auch bei dir zu Hause?

Lies die Meinungen und ergänze sie mit eigenen Ideen.

Deutsche Jugendliche meinen:
- Bei uns zu Hause werden fast nur Pfandflaschen gekauft.
- Wenn ein Zimmer einige Stunden nicht benutzt wird, schalten wir das Licht aus und drehen die Heizung zurück.
- Ob Waschmittel oder Süßigkeiten – wir achten beim Kauf darauf, dass möglichst wenig Verpackung daran ist.
- Bevor ich mich von meinen Eltern mit dem Auto irgendwohin fahren lasse, benutze ich – wenn es geht – öffentliche Verkehrsmittel.
- Ich kaufe nur Schulhefte aus Recycling-Papier.
- _____
- _____

LEKTION 8

11. Fachausdrücke

Welche Erklärung passt zu diesen Fachausdrücken zum Thema *Umweltschutz*?

Mehrwegverpackung	ein Loch in der Atmosphäre unseres Planeten
Lärmschutz	die Erwärmung der Erdatmosphäre
Recycling	Abfälle aus der Natur, die auf dem Kompost wieder zu Erde werden
Ozonloch	
umweltschonend	eine Verpackung, die man mehrmals benutzen kann
Bioabfall	ein großer Ofen, in dem der Müll verbrannt wird
umweltfreundliche Verpackung	Wiederverwertung von alten, gebrauchten Materialien
Treibhauseffekt	Glas, Papier, Plastik, Chemikalien usw. werden getrennt gesammelt
Müllverbrennungsanlage	eine Verpackung, die unsere Umwelt nicht so stark belastet
Abfalltrennung	etwas, das unsere Umwelt nicht belastet oder ihr schadet
	Man schützt sich durch spezielle Isolierungen oder dem Bau von Mauern vor Autolärm.

12. Sucht Wörter.

r Müllcontainer
Müll_____
Müll_____
Müll_____
Müll_____

e Konserven**dose**
_____dose
_____dose
_____dose
_____dose

r Küchen**abfall**
_____abfall
_____abfall
_____abfall
_____abfall

r Industrie**müll**
_____müll
_____müll
_____müll
_____müll

s **Dosen**futter
Dose_____
Dose_____
Dose_____
Dose_____

e **Abfall**trennung
Abfall_____
Abfall_____
Abfall_____
Abfall_____

13. Titel und Inhalt

a) In Prospekten und Zeitungen liest man häufig ähnliche Schlagzeilen. Ordne den Schlagzeilen die Zeitungsausschnitte zu. Achtung: Zwei Schlagzeilen passen zu keinem der Ausschnitte.

A **Mehrweg statt Einweg**

B **Klug entscheiden – Müll vermeiden**

C *Tierschützer über Pelztierzucht*

D Unsere Wälder sterben

E **Fernwärme für unsere Wohnungen: Die neue Müllverbrennungsanlage**

F **Wie's der Umwelt geht, liegt ganz bei Ihnen**

- Jeder ist mitverantwortlich für seine Umwelt. Daher: Mehrwegflaschen statt Einwegflaschen, Einkaufskörbe statt Plastiktüten, Zug fahren statt Auto fahren. Ihre Umwelt wird es Ihnen danken.

- Beim Einkaufen sollte man darauf achten, dass die Produkte eine umweltfreundliche Verpackung haben, wieder verwertet werden können oder noch besser – man kauft frische Ware ohne Verpackung.

- Getränke werden häufig in Plastikflaschen verkauft. Dadurch entsteht viel Müll. Deshalb sollte man Mehrwegflaschen bevorzugen, die man mehrmals benutzen kann.

- Tausende Robben, Nerze, Nutrias, Zobel, aber auch vor dem Aussterben bedrohte Tiere wie Leoparden, Tiger und Eisbären müssen ihr Fell für einen Mantel lassen.

b) Sammelt aktuelle Artikel zum Thema. Lest die Titel vor, die anderen sollen erraten, worum es in den Artikeln geht.

WORTSCHATZ

Umweltschutz

Probleme

e Wegwerfgesellschaft
r Konsummüll
r Wohlstandsmüll
e Einwegverpackung
r Haushalts- und Verpackungsmüll
_____
_____
_____

Umweltschutz fängt bei uns selbst an

umweltbewusst handeln
wenig Verpackung kaufen
Müll getrennt sammeln
Pfandflaschen, Stofftaschen vorziehen
Autobatterien zu Sammelstellen bringen
Altpapier in den Recyclinghof bringen
e Müllvermeidung, e Abfalltrennung
_____
_____

Strategien zur Abfallvermeidung

e Einwegverpackung
r Biomüll
r Giftmüll
r Sondermüll
r Küchenabfall
e Plastiktüte
r Abfallbehälter
reparaturfreundliche Produkte
Verpackungen
_____
_____

benutzen
beseitigen
deponieren
kompostieren
recyceln
trennen, sortieren
verbrennen
vermeiden
vernichten
wieder verwerten
zurücknehmen
_____
_____

Qualitäten

:)

abbaubar
haltbar
reparaturfreundlich
schadstofffrei
umweltfreundlich
umweltbewusst
umweltschonend
wieder verwendbar
wieder verwertbar
_____
_____

:(

umweltbelastend
schadstoffhaltig
giftig
umweltfeindlich
umweltschädlich
_____
_____
_____

LEKTION 9

Wie läuft es eigentlich bei euch?

1. Konjunktiv II → KB 80

Die Situationen im Gedicht von Hans Manz kommen in der Realität nicht vor, sie sind irreal. Deshalb stehen die Verben im Konjunktiv II. In der Lektion 4 habt ihr die Konjuntkivformen *hätte, wäre, würde* und die Modalverben im Konjunktiv schon kennen gelernt.

a) Sammelt im Gedicht alle Verbformen, die etwas Irreales ausdrücken. Versucht dann die Indikativformen zu ergänzen.

Wirklichkeit	Hypothese
sie ist	sie wäre
...	ich hätte
...	...

Die Konjunktivform kann man aus der Präteritumform ableiten:
er blieb ⟶ er bl**ie**be
er sah ⟶ er s**äh**e

Bei den regelmäßigen Verben stimmen die zwei Formen überein:
er knirschte ⟶ er knirschte

b) Ergänze:

	sehen	bleiben	nehmen	
ich			nähme	**-e**
du				**-est**
er/sie/es	-	bliebe		**-e**
wir				**-en**
ihr				**-et**
sie/Sie	sähen			**-en**

In der gesprochenen Sprache verwendet man meistens die Konstruktion *würde+Infinitiv*:
Wenn ich eine kleine Schwester hätte, **würde** ich oft mit ihr **spielen.**

Es ist aber nicht üblich, die *würde+Infinitiv*-Konstruktion zu verwenden
• bei den Modalverben: *dürfte, müsste, könnte, sollte, wollte*
• bei den Verben *sein* und *haben: wäre, hätte*
• bei den oft vorkommenden Verben: *käme, ginge, ließe, gäbe, wüsste ...*

In der literarischen Sprache findet man eher die Konjunktiv-II-Formen der Verben.

2. Fülle die Tabelle aus.

Indikativ Präsens	Präteritum	Konjunktiv
bleiben	blieb	bliebe
fahren		
finden		
fliegen		flöge
geben		
gehen		
halten		
kommen		
lassen		
laufen		
mögen		
rufen		
schreiben		
schlafen		
schlagen		
tragen		
tun		
ziehen		
wissen		

3. Sophies Wunschtier

Sophie Martinetz (13), ein österreichisches Mädchen beschreibt ihr Wunschtier. Schreibe die Konjunktiv-II-Formen in die Lücken.

Mein Wunschtier wäre schwarz, tiefschwarz. Die Haare _wären_ schwarz, kurzum, es _____ ein dunkles Tier. Es _____ schöne Augen. Seine weißen Flügel _____ eng am Körper. _____ ich, um es in einen Stall zu bringen, _____ es hinein, obwohl es gewohnt _____ , auf Wolken oder im Gras zu schlafen. Sein Name _____ Hatatila el Rih, Wind der Winde. In der Früh, am Abend und zu Mittag _____ es gefüttert werden. Es _____ kleinen Wolkenhafer mit Genuss. In der Nacht _____ ich mit ihm ausfliegen.
Für einen Fremden _____ es unsichtbar. Es _____ mein bester Freund sein. Alle Probleme _____ ich zu ihm tragen, und das Wunschtier

~~sein~~
sein, haben
liegen, kommen
gehen, sein
sein
müssen
fressen
werden
sein, können
können

_____ großes Verständnis.
_____ ich auf seinem Rücken, _____ es sich in die Lüfte erheben, mit einer Schnelligkeit, die nicht der beste Galopper erreichen _____ . Ich _____ nicht mit dem Auto oder der Bahn zu fahren, ich und mein PEGASUS _____ viel schneller in der Luft. Die Leute im Flugzeug _____ uns nur als weiß-schwarzen Strich vorbeiziehen. Einen Nachteil _____ das fliegende Pferd schon: Ich _____ es nicht mit aufs Zimmer nehmen. Aber das _____ nichts machen. Mit den Aufgaben _____ ich auch in den Stall meines Pferdes kommen. Es _____ wirklich gut rechnen, seine Rechtschreibung _____ perfekt, nur in Englisch _____ es sich ein bisschen mit der Aussprache schwer.
Natürlich _____ der PEGASUS mein Geheimnis; _____ er sich zeigen, dann _____ er seine Flügel verschwinden lassen. So _____ niemand hinter das Geheimnis.

haben
sitzen, werden
können
brauchen
sein
sehen
haben, können
werden, können
können
sein, tun
sein, müssen
werden
kommen

4. Wie läuft es bei euch, wenn du krank bist?

Ergänze die Sätze. Es gibt oft mehrere Möglichkeiten.

> würde • hätte • wäre • müsste • sollte • könnte • dürfte

Wenn ich erkältet wäre, ...

_____ ich sehr müde und schlecht gelaunt.
_____ ich sehr früh ins Bett gehen.
_____ ich keine Lust, fernzusehen oder zu lesen.
_____ ich am Abend meine Freundin anrufen, damit sie mir erzählt, was alles passiert ist.
_____ ich meine Mutter bitten, mir einen Tee zu kochen.
_____ ich darauf achten, dass ich niemanden anstecke.
_____ ich unseren Hausarzt aufsuchen.
_____ ich die Medikamente nehmen, die er mir verschreibt.
_____ ich viel Flüssigkeit trinken.
_____ ich einige Tage zu Hause bleiben.
_____ ich mindestens eine Woche nicht zum Training gehen.
_____ ich nachholen, was ich in der Schule versäumt habe.

5. Was würde Menschen glücklich machen?

Sammelt noch mehr Ideen und bildet dann Sätze.

- Es gibt keine Krankheiten.
- Man wird nie alt.
- Die Umwelt ist sauber.
- Überall herrscht Frieden.
- ...

Die Menschen auf der Welt wären viel glücklicher, wenn es keine Krankheiten gäbe.

LEKTION 9

6. Wähle einen Satzanfang aus und schreibe dazu alle deine Gedanken auf.

- Wenn ich auf einer einsamen Insel leben würde, …
- Wenn meine Eltern berühmte Filmstars wären, …
- Wenn ich nach dem Abitur mein Studium nicht sofort beginnen könnte, …
- Wenn ich Präsident wäre, …
- Wenn ich zehn Geschwister hätte, …
- Wenn es in der Schule keine Noten gäbe, …

7. Wunschsatz

Mit dem Konjunktiv kann man auch Wünsche ausdrücken. Studiere die Beispiele und formuliere dann den Wunsch der Personen auf den Bildern.

Wenn ich **doch** den Bus noch erreichen würde!

Wenn der Lehrer mich **doch bloß** heute nicht aufrufen würde!

8. Erwartungen

a) Was erwartet man von dir?

Meine Mutter findet, ich müsste _____.
Mein Vater ist der Meinung, ich sollte _____.
Meine Freundin meint, ich könnte _____.
Meine Oma wäre froh, wenn _____.
Mein Klassenlehrer wünscht, ich _____.
Meine Schwester denkt, ich sollte _____.
Meine Freunde finden, ich dürfte ruhig auch mal _____.

b) Und umgekehrt? Was erwartest du von den anderen? Was wünschst du dir?

Ich wünschte, meine Mutter wäre ein wenig verständnisvoller!
Wenn meine Mutter doch etwas verständnisvoller wäre!
Wäre doch nur _____ !
Es wäre toll, wenn mein Lieblingslehrer nicht so _____.
Ich würde mich freuen, wenn _____ .

9. Ideenbörse

Sammelt Ideen, wie man das Schulleben interessanter, die Schule freundlicher machen könnte. Macht Vorschläge.

Beispiel: *Ich finde, wir könnten unser Klassenzimmer mit selbst gemalten Bildern dekorieren!*
Wie wäre es, wenn wir _____ ?

Klassenzimmer	Schaukästen	anpflanzen
im Schulhof	selbst gemalte Bilder	befestigen
auf den Gängen	mehr Ausflüge	machen
an die Fenster	mit Laptops	dekorieren
mit den Lehrern	ein großes Trampolin	veranstalten
in der Turnhalle	Blumen	sehen
im Keller	moderne Werkräume	aufstellen
die Klassen	ein tolles Fest	kleben
am Jahresende	Filme	ausstatten
im Unterricht	bunte Aufkleber	einrichten
…	…	…

82

LEKTION 9

10. Aufforderungen

a) Ordne die Satzanfänge: Welche sind sehr direkt, welche sind höflich?

> *Sei doch ein bisschen ...*
> *Mach endlich ...*
> *Du solltest ...*
> *Es wäre schön, wenn du ...*
> *Wenn du doch ...!*
> *Könntest du vielleicht mal ...?*

b) Was könnte die Eltern stören? Formuliere, was sie zu ihrem Sohn sagen.

11. Höfliche Fragen

In jeder Familie kommt es häufig vor, dass die Familienmitglieder aufeinander angewiesen sind. Formuliert höfliche Fragen mit dem Konjunktiv II.

Beispiel:
zum Frühstück einen Kaffee kochen – Könntest du mir zum Frühstück einen Kaffee kochen?

- den Tisch nach dem Essen abräumen
- noch ein Brötchen haben
- schnell Brot und Milch holen
- bei der Gartenarbeit helfen
- für Kinokarten etwas Geld geben
- die Oma zum Geburtstag einladen
- dein Fahrrad leihen

12. Zwei Briefe

Anna hat Probleme mit ihren Eltern und schreibt einen Brief an ihre Freundin Renate.
Kurt hat Probleme mit seinen kleineren Geschwistern und schreibt an seinen Freund Emil.

a) Was schreibt Anna? Was schreibt Kurt?

Liebe Renate,	*Anna*
Nur weil ich eine Vier in Mathe hatte, durfte ich nicht ins Kino gehen.	
Zuerst mein Bruder Klaus: Er will ständig an meinen Computer.	
Bis bald und liebe Grüße! Dein Freund ...	
Mir geht es zurzeit nicht so gut, weil meine Eltern so streng sind.	
Sie möchte dann immer „Mensch ärgere dich nicht" mit mir spielen.	
Letztens wollten sie sogar mein Taschengeld kürzen.	
Wenn ich mal eine schlechte Note habe, schimpfen sie gleich.	
weil ich der Größere bin.	
Hallo Emil,	
wie geht es dir?	*Anna + Kurt*
Du kannst dir nicht vorstellen, wie lästig die Kleinen sind.	
Wie kommst du mit deinen Geschwistern klar? Hast du einen guten Rat für mich?	
Wenn das so weitergeht, wechsle ich die Eltern.	
Und wenn die Kleinen weinen, dann bin immer ich schuld,	
Ständig möchten sie, dass ich nur für die Schule lerne.	
Außerdem soll ich jeden Mittwoch auf die kleine Kerstin aufpassen.	
Mir ginge es besser, wenn mich meine Geschwister nicht so nervten.	
Gruß und Kuss deine Freundin ...	
Hast du auch Probleme zu Hause? Schreib mir darüber!	
Dabei lasse ich sie immer gewinnen, weil sie sonst gleich weint.	
Meine Eltern sagen, ich soll ihn doch auch mal spielen lassen.	

b) Stelle eine Reihenfolge der Sätze für die einzelnen Briefe auf. Schreibe dann die zwei Briefe in dein Heft.

13. Und womit hast du Probleme?

Schreibe einen Brief an eine Freundin/an einen Freund und bitte sie/ihn um Rat.

LEKTION 9

14. Situationsspiel

Bildet zwei Gruppen. Die eine Gruppe soll die Rolle der Eltern übernehmen, die andere die der Kinder. Formuliert typische Sätze, die bei einem Streit vorkommen. Wählt dann eine der häufigsten Konfliktsituationen und spielt eine Diskussion.

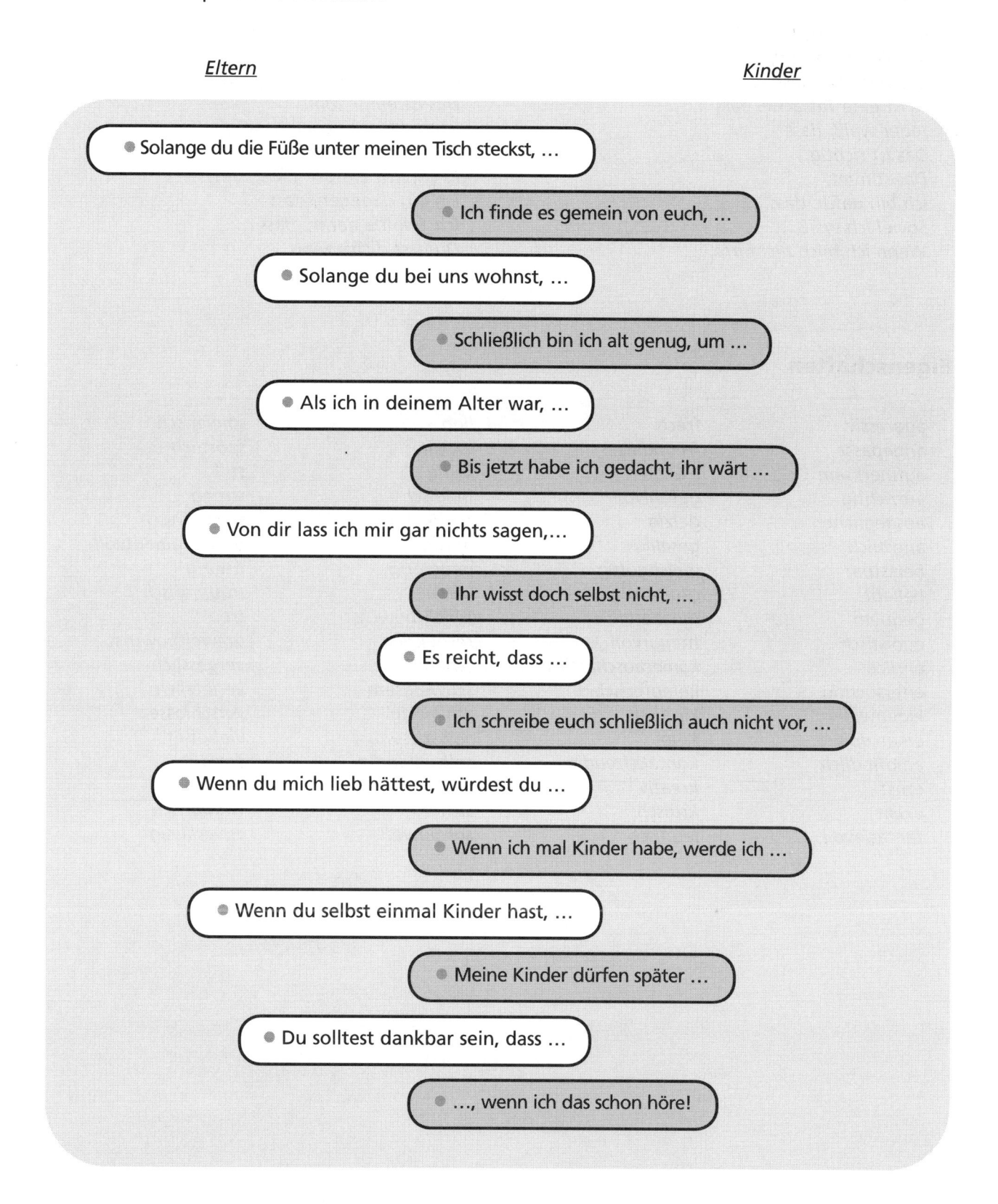

Eltern — *Kinder*

- Solange du die Füße unter meinen Tisch steckst, …
- Ich finde es gemein von euch, …
- Solange du bei uns wohnst, …
- Schließlich bin ich alt genug, um …
- Als ich in deinem Alter war, …
- Bis jetzt habe ich gedacht, ihr wärt …
- Von dir lass ich mir gar nichts sagen, …
- Ihr wisst doch selbst nicht, …
- Es reicht, dass …
- Ich schreibe euch schließlich auch nicht vor, …
- Wenn du mich lieb hättest, würdest du …
- Wenn ich mal Kinder habe, werde ich …
- Wenn du selbst einmal Kinder hast, …
- Meine Kinder dürfen später …
- Du solltest dankbar sein, dass …
- …, wenn ich das schon höre!

WORTSCHATZ

Diskussionswortschatz

+

Ich finde es gut, dass / wenn …
Ich bin überzeugt, …
Es steht fest, dass …
Es ist eine Tatsache, dass …
Jeder weiß, dass …
Das ist richtig.
Das stimmt.
Ich bin dafür, dass …
Soviel ich weiß, …
Wenn ich mich nicht irre, …

−

Ich finde es nicht gut, dass / wenn …
Das glaube ich nicht.
Da muss ich dir widersprechen.
Das ist ein Irrtum.
Ich bin nicht sicher, dass / ob …
Das ist grundfalsch.
Es stimmt einfach nicht, dass …
Ich bin dagegen, dass …
Ich zweifle daran, dass …
Du irrst dich, wenn …

Eigenschaften

aggressiv	frech	lieb	spielerisch
angepasst	freundlich	locker	sportlich
aufmerksam	fröhlich	lustig	still
aufrichtig	gefühlvoll	modisch	streng
ausgeglichen	geizig	musikalisch	sympathisch
ängstlich	gesellig	mutig	temperamentvoll
belastbar	gleichgültig	neugierig	traurig
beliebt	großzügig	offen	träumerisch
bequem	hilfsbereit	pflichtbewusst	treu
egoistisch	humorvoll	respektlos	umweltbewusst
ehrlich	kameradschaftlich	scheu	vergesslich
eifersüchtig	kämpferisch	schweigsam	verletzlich
eigenwillig	kindisch	schwierig	verschlossen
emanzipiert	klug	selbstbewusst	vielseitig
empfindlich	kontaktfreudig	selbstständig	vorlaut
ernst	kreativ	sensibel	vorsichtig
exakt	kritisch	sicher	wählerisch
fantasievoll	launisch	sorgenvoll	zuverlässig

AZ von bis

LEKTION 10

Warst du schon mal in Fantasia?

1. Wünsche und Träume

Überlege dir zuerst eine Antwort auf die Fragen. Wähle dann jemanden aus der Gruppe aus und frag ihn.

Ich wünschte / wollte, ich ... *Es wäre gut, wenn ...*
Ich würde mich freuen, wenn ... *Ich möchte ...*

Ein erfüllbarer Wunsch	Ich	Mein Partner
Was wünschst du dir für den heutigen Tag?	...	...
Worüber würdest du dich freuen, was nichts kostet?		
Was möchtest du zu Hause haben?		
Wovon möchtest du etwas mehr haben?		
Wovon möchtest du etwas weniger haben?		
Was möchtest du jemandem geben?		
Worauf willst du heute verzichten?		

Träume, die wohl Träume bleiben	Ich	Mein Partner
Wohin würdest du gern reisen?	...	...
In was für einem Haus würdest du gern leben?		
Was würdest du gern haben, wenn du genügend Geld hättest?		
Wem würdest du gern begegnen?		
Wie sähe die ideale Schulordnung aus?		

2. Eine Geschichte erfinden

a) Welche Beschreibung und welches Bild passt zu welchem Gegenstand?

> Taschenmesser ● Orden ● Schiffchen ● Kompass ● Schlüsselanhänger ● Ring
> Trillerpfeife ● Feuerzeug ● Medaillon

	Aus einer kleinen Nussschale gemacht. An einem Streichholz sind die Segel befestigt. So segle ich um die Welt.	
	Hängt an einer Schnur, ist länglich mit einem Loch zum Hineinblasen. Das kann ganz schön laut werden.	
	Es ist klein und aus Silber. Auf beiden Seiten hat es schöne Gravuren. Es funktioniert mit Gas oder Benzin.	
1	Nur eine einfache Muschel mit einem Loch für den Ring. Du kannst noch das Meer riechen.	*Schlüsselanhänger*
	Klein, kostbar, mit einem schönen Diamanten passt er genau an meinen rechten Finger.	
	Ist rund, mit einem Metallrand und einem Glasdeckel. Zeigt dir die Himmelrichtungen, wenn du dich verlaufen hast.	
	Es ist ganz aus Gold und hängt an einer goldenen Kette. Wenn man den runden Deckel aufmacht, kann man das Foto eines Freundes sehen.	
	Dieser hier ist aus Blech, schön verziert hängt er an einem Band. Ich habe ihn für ganz besondere Verdienste bekommen.	
	Es hat einen hölzernen Griff und zwei Klingen zum Aufklappen. Auch ein Flaschenöffner und eine Schere sind dabei.	

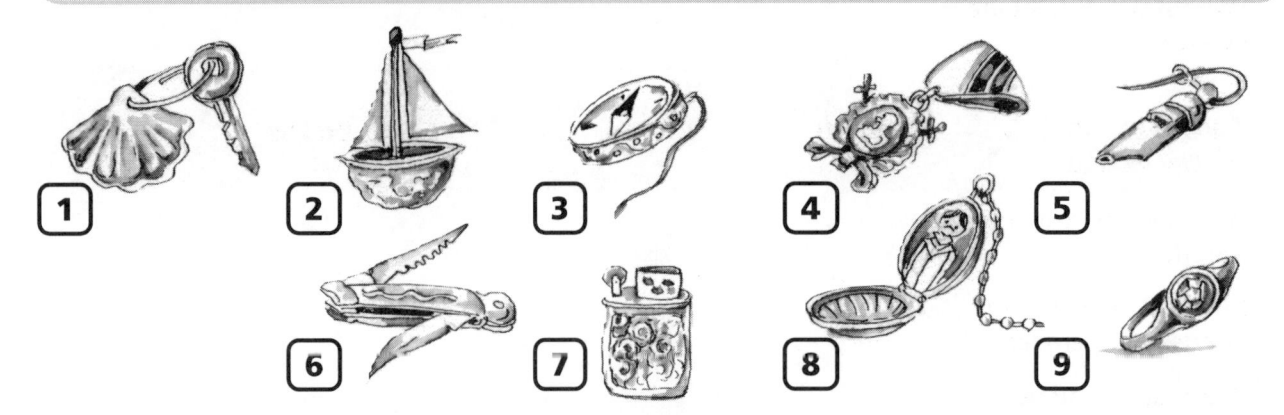

b) Wähle ein Bild aus und schreibe dazu eine Geschichte.
Überlege dir vorher:
● Wem gehört es?
● Woher hat er es?
● Warum ist es für ihn so wichtig?
● …

LEKTION 10

3. Dein Lieblingsgegenstand

Beschreibe deinen Lieblingsgegenstand:
- Wie sieht er aus?
- Aus welchem Material ist er?
- Warum magst du ihn so sehr?

4. Redewendungen

a) Hier könnt ihr verschiedene Redewendungen mit dem Wort *Traum* lesen. Wie heißt das in eurer Sprache?

Das fällt mir nicht im Traum ein!

Ich denke nicht im Traum daran!

Das Ganze kommt mir wie ein Traum vor.

Der Traum ist aus(geträumt).

Du träumst wohl!

Du träumst doch mit offenen Augen.

b) Welche der oben angegebenen Redewendungen passen in diesen Situationen?

- Dein Bruder möchte die neue CD von dir, die du eben zum Geburtstag bekommen hast.
Was sagst du? – _____

- Du sprichst mit deiner Freundin, aber du merkst, dass sie dir gar nicht zuhört, weil sie wieder einmal nur an ihren Freund denkt.
Was sagst du? – _____

- Du wolltest zum Rockkonzert gehen, aber mit der Fünf in Mathe erlauben das deine Eltern sicher nicht.
Was sagst du? – _____

- Du triffst deinen Lieblingssänger Micky und er gibt dir persönlich ein Autogramm.
Was sagst du? – _____

5. In Fantasia → KB 90

Wovon träumt der Liedermacher in seinem Lied?
Er träumt von Häusern, *die eine Muschelform haben.*

_____
_____
_____

Er träumt davon, *dass man auf dem Dach Palmen pflanzen kann.*

_____
_____
_____

6. Wunsch und Wirklichkeit

a) Lies den Text. Wie wird Planung ausgedrückt und wie die Wirklichkeit?

DER POWERPLAN,
wie er auf dem Papier steht,
und der Tagesablauf einer Schülerin in der Realität

5.20 Uhr: Aufstehen, Duschen, Anziehen (Zeit bis 6 Uhr).
5.32 Uhr: Der Wecker klingelt. Verschlafen wühle ich mich aus den Federn, suche den Wecker, stelle ihn aus – überlege – frage mich, ob ich aufstehen soll – und schlafe wieder ein.
6.00 Uhr: Rest der Hausaufgaben, Vokabeln wiederholen.
6.20 Uhr: Meine Mutter weckt mich. Ich springe aus dem Bett: „Mist." Ziehe mich an, laufe ins Bad, wasche mich. Dann denke ich an meinen Timeplaner und überlege: Duschen? Kann ich schon mal streichen. Hausaufgaben? Mache ich in der Schule! Vokabeln? Pech!
6.30 Uhr: Frühstücken.
6.35 Uhr: Natürlich habe ich aus meinem Zeitplan vergessen, das Ranzenpacken einzuplanen. Also packe ich meinen Ranzen, merke dabei, dass ich mein Sportzeug brauche, suche die Turnschuhe …
7.00 Uhr: Zum Bus gehen.
6.50 Uhr: Jetzt also endlich frühstücken.
6.55 Uhr: Schuhe an, Jacke an, zum Bus.
13.30 Uhr: Mittagessen.
13.35 Uhr: Der Bus hatte Verspätung. Als ich endlich zu Hause ankomme, hat meine Mutter noch kein Essen fertig – warum sollte sie sich auch an meinen Plan halten?
14.00 Uhr: Ausruhen oder schlafen.
14.10 Uhr: Als ich mit dem Essen fertig bin, lege ich mich ins Bett, will lesen, schlafe dabei ein.
14.45 Uhr: Aufstehen! Hausaufgaben machen, Tiere füttern.
14.45 Uhr: Der Wecker klingelt, ich bin müde und stelle den Wecker eine halbe Stunde später.
15.13 Uhr: Das Telefon, ich nehme ab und stelle den Wecker aus.
15.30 Uhr: Ich höre auf zu telefonieren, füttere die Tiere. Dann mache ich Hausaufgaben. Ich habe Glück, es war doch nicht so viel wie ich dachte.
16.00 Uhr: Klavier und Flöte üben.
16.30 Uhr: Klavier- und Flötenunterricht.
16.15 Uhr: Ich bin fertig mit den Hausaufgaben und packe meine Sachen für den Unterricht. Dann fahre ich los.
19.00 Uhr: Sachen packen zum Tanzen.
20.00 Uhr: Tanzen.
18.45 Uhr: Ich komme vom Unterricht wieder. Meine Mutter spannt mich zum Tischdecken ein.
19.30 Uhr: Ich bin mit dem Abendessen fertig, packe meine Sachen ein und fahre zum Tanzen.
22.00 Uhr: Ranzen packen, neuen Zeitplan aufstellen.
21.50 Uhr: Ich bin völlig kaputt vom Tanzen. „Ranzenpacken kann ich ja morgen früh mit einplanen", denke ich und schon beginne ich einen neuen Plan zu machen.

**Katrin Laackmann, Klasse 9 a
– Luisen-Gymnasium, Hamburg-Bergdorf**

b) Schreib jetzt deinen Powerplan für den nächsten Tag.
Besprecht dann, wer von euch den Plan einhalten konnte, wer nicht, warum nicht …

7. Gesteigerte Adjektive

Es war einmal ein unglücklicher Vater. Er hatte drei Söhne. Davon war der älteste sehr klug, und der zweite Sohn war noch ein bisschen klüger! Aber am klügsten von allen war sein jüngster Sohn. Wenn er nur nicht so stur gewesen wäre! ...

Positiv: Arthur ist **klug.**

Komparativ: Roland ist **klüger.**

Superlativ: Otto ist **am klügsten.**
Otto ist **der Klügste.**

Suche Beispiele für die einzelnen Gruppen. Die letzte Tabelle ist für die Ausnahmen.

Positiv	Komparativ	Superlativ
schön	schöner	schönst-
klein	_____	_____
dünn	_____	_____
leise	_____	_____
_____	_____	_____
_____	_____	_____

Positiv	Komparativ	Superlativ
klug	klüger	klügst-
alt	älter	ältest-
warm	_____	_____
groß	_____	_____
_____	_____	_____
_____	_____	_____

Positiv	Komparativ	Superlativ
gut	_____	_____
gern	_____	_____
viel	_____	_____

Positiv	Komparativ	Superlativ
hoch	höher	höchst-
_____	_____	_____
_____	_____	_____
_____	_____	_____

8. Zwei Häuser vergleichen → KB 91/4

Setzt die Adjektive in den Text ein. Vergleicht dann auf diese Weise eure eigenen Fantasiehäuser.

Das Haus links ist viel _____ (modern) und _____ (merkwürdig). In diesem _____ (sechsstöckig) Gebäude befinden sich wahrscheinlich _____ (viel) Wohnungen als im anderen. Sie sind allerdings _____ (klein) als im Haus rechts, das ein Altbau ist. Da sind die Wohnungen auch _____ (hoch) als in einem Neubau. Deshalb muss man für die Heizung _____ (viel) ausgeben. Der _____ (bunte) Turm und die Dachterasse mit den vielen Pflanzen gefallen mir am _____ (gut). Wegen der Bäume vor dem Haus sind die Wohnungen nicht so _____ (hell) wie im Nachbarhaus.

9. Vergleich

Studiere die Zitate. Wann verwenden wir *als* und wann *wie* bei dem Vergleich?

„Aber Schneewittchen über den Bergen, bei den sieben Zwergen, ist noch tausendmal schöner als Ihr."

… Auf dieser Wiese blühten die Blumen größer und schöner als sonstwo. …

… Unten im Sack saß doch noch etwas! Ein winziges Kästchen war das. Als der Jäger aber nach ihm greifen wollte, fing es plötzlich an zu wachsen. Zum Schluss war es schon so groß und prächtig wie ein Schloss. Da erblickte der Jäger vor seinen Füßen auch einen Schlüssel. …

Träumgut   Faultroll   Langbart

_____ ist jünger als _____ .
_____ ist viel _____ als _____ .
_____ ist genauso _____ wie _____ .
_____ ist nicht so _____ wie _____ .

10. Es war einmal …

… eine Königstochter. Drei junge Prinzen wollten sie heiraten, aber sie konnte sich nicht entscheiden. Was denkt sie über die Prinzen?

Roland ist schlanker als Otto, aber Otto ist viel …

11. Rekorde

Sammelt weitere Rekorde.

- Die **längste deutsche Rutschbahn** ist nahe Bad Tölz in Oberbayern: Kinder und Erwachsene können hier 1240 m hinunterrutschen.
- Die **höchstgelegene Ortschaft** Deutschlands ist Oberjoch bei Hindelang im Allgäu mit einer Höhenlage von 1150 m.
- Das **größte Volksfest** der Welt ist das Oktoberfest in München, zu dem Millionen von Besuchern aus der ganzen Welt reisen.

12. Euer „Buch der Rekorde"

a) Überlegt euch zusammen über welche Rekorde ihr Buch führen wollt.
Beispiel: *das älteste Haustier, die lauteste Stimme, die größte Unordnung in der Tasche …*

b) Macht eine Umfrage in Kleingruppen, notiert die Ergebnisse, vergleicht sie in der Großgruppe und listet die Rekorde auf.

WORTSCHATZ

Das Reich der Träume

sich etwas vorstellen
die Fantasie gebrauchen
die Fantasie spielen lassen
fantasieren
von etwas träumen
Luftschlösser bauen
_____
_____

Traum

angenehm
süß
seltsam
beängstigend
wild
quälend
böse
hässlich
_____
_____

träumerisch
verträumt
traumhaft
traumwandeln
r Träumer
sich etwas erträumen
r Albtraum
_____
_____

s TRAUMauto
e TRAUMfrau
s TRAUMhaus
e TRAUMinsel
e TRAUMreise
e TRAUMvilla
_____
_____
_____

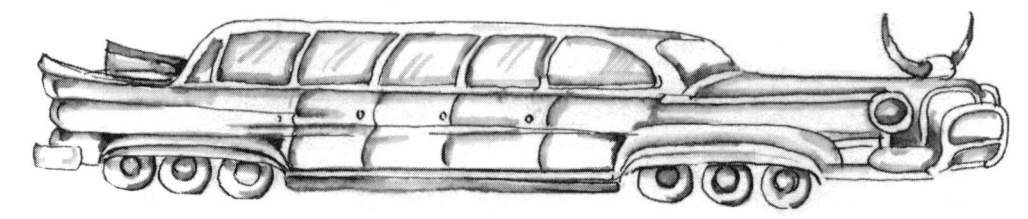

93

LEKTION 11

Jugendliche unterwegs

1. Suche mögliche Zusammensetzungen. → KB 98/1

Schlaf-   Ausrüstung
Sonnen-   Plan
Stadt-   Lampe
Taucher-   Mütze
Taschen-   Stock
Wander-   Brille
Ruck-   Karte
Ski-   Sack
Land-   Öl
Ansichts-   Messer

2. Welche Erklärung passt?

> r ~~Gaskocher~~ • e Luftpumpe • e Videokamera • r Verbandskasten • e Kühltasche
> e Luftmatratze • e Gürteltasche • r Liegestuhl • e Badekappe

a) Mit diesem Gerät kannst du deinen ganzen Urlaub filmen.	
b) Darin bewahrst du die wichtigsten Sachen auf wie Geld, Ausweis, Taschenmesser usw.	
c) Ein Gerät, mit dem man Konserven warm machen kann.	Gaskocher
d) In einem öffentlichen Schwimmbad muss man sie auf dem Kopf tragen. Wenn du im See schwimmst, brauchst du sie nicht.	
e) Darin befindet sich alles, was man in Notfällen braucht, z.B. Pflaster.	
f) Wenn du sie aufbläst, dann kannst du bequem darauf liegen oder damit auf den See rausschwimmen.	
g) Damit kannst du deinen Fahrradschlauch aufpumpen.	
h) Darin bleiben die Getränke schön kalt.	
i) Du kannst ihn aufklappen und darauf in der Sonne liegen.	

Wählt weitere Wörter, denkt dazu selbst Erklärungen aus und lasst die anderen raten.

3. Ländernamen

a) Trage in die entsprechende Rubrik ein:

> in den USA • nach Österreich • auf Kreta • aus dem Iran • aus den USA • aus Österreich
> in der Türkei • in den Iran • in Österreich • in die Türkei • nach Kreta • aus der Türkei
> von Kreta • im Iran • in die USA

Länder haben in der Regel keinen Artikel: *Deutschland, Schweden, Belgien, ...*

Wohin?	Wo?	Woher?
nach Österreich		

Achtung bei Inseln!

Wohin?	Wo?	Woher?

Ausnahmen sind: *e Schweiz, e Türkei, e Slowakei, e Mongolei, ...*

Wohin?	Wo?	Woher?

... *r Libanon, r Sudan, r Irak, r Iran, ...*

Wohin?	Wo?	Woher?

Manche Länder stehen nur im Plural: *e USA, e Niederlande, ...*

Wohin?	Wo?	Woher?

b) Beantworte die Fragen:
- Woher kommst du?
- In welchen Ländern warst du schon?
- Wohin würdest du gern einmal fahren?
- Woher bekommst du manchmal Post?

4. Urlaub

Ergänze die Artikel und Präpositionen in den folgenden Berichten von Jugendlichen.

Lisa: Ich habe eine Brieffreundin _____ Österreich. Im Sommer will sie mich hier _____ Hamburg besuchen. Im nächsten Jahr wollen wir zusammen _____ Rhodos fahren. _____ Rhodos soll es tolle Strände geben.

Frank: Ich würde sehr gern mal _____ USA fahren. Dort lebt eine Tante von mir. Ich war schon öfter im Ausland: _____ England, _____ Dänemark und _____ Niederlanden. _____ England und _____ Niederlanden bekomme ich regelmäßig Post, weil ich dort Brieffreunde habe.

Paul: Ich komme _____ Frankreich. Mit meinen Eltern fahre ich jedes Jahr _____ Sardinien. Einmal war ich auch _____ Schweiz. Mein Traum ist eine Reise _____ Orient. Ich würde gern _____ Libanon reisen und von dort weiter _____ Iran bis _____ China.

Lili: Ich würde gern einmal ganz weit weg fahren, _____ Mongolei, _____ Indien oder _____ Madagaskar. Da meine Eltern für ein Haus sparen, verbringen wir schon den zweiten Sommer _____ Balkonien. Vorher waren wir einmal _____ Polen und auch _____ Helgoland. _____ Türkei bekomme ich hin und wieder eine Postkarte von einer Schulfreundin, die jetzt dort lebt.

5. Am Wochenende

Lies aufmerksam das folgende Gespräch und unterstreiche alle Ausdrücke, die auf die Fragen *wo?* und *wohin?* antworten. Trage sie dann in die Tabelle ein.

- Was machst du dieses Wochenende?
- Ich fahre an den Eibsee.
- Wo liegt das denn?
- In den Alpen, bei Garmisch-Partenkirchen. Man fährt von München über Murnau nach Garmisch-Partenkirchen. Dort nimmt man die Zugspitzbahn und fährt bis zum Eibsee.
- Und was machst du dort?
- Dort kann man vieles machen. Im See baden zwar nur wenige, das Wasser ist nämlich ziemlich kalt, aber auf dem See kann man zum Beispiel Tretboot fahren. Es gibt auch tolle Wanderwege um den See. Du kannst natürlich auch auf einen der Berge steigen, aber das lohnt sich eigentlich bloß bei schönem Wetter. Denn hoch in den Bergen ist es oft neblig und feucht und dann ist das nicht so angenehm. Mit der Zugspitzbahn kann man übrigens bis ganz nach oben, also auf die Zugspitze fahren. Von dort hat man wirklich eine ganz tolle Aussicht auf die Berge und Täler.
- Das hört sich ja ganz gut an. Na dann, schönes Wochenende!

LEKTION 11

Gewässer		Berge		Ortschaften	
Wo?					
am Bodensee	Urlaub	____ Bergen	wandern	____ Wien	wohnen
____ Ostsee	machen	____ Alpen	Berg		
		____ Harz	steigen	____ Garmisch-Partenkirchen	liegen
____ See	baden				
____ Elbe	angeln				
	tauchen			____ Stadt	leben
____ See	segeln			____ Lande	
____ Donau	surfen				
____ Schwarzen Meer					
____ See	spazieren gehen				
Wohin?					
____ Eibsee	fahren	____ Berge	fahren	____ München	
____ Balaton		____ Alpen		____ Murnau	
____ Rhein		____ Harz		____ Garmisch-Partenkirchen	fahren
____ Donau		____ Gebirge			
____ Nordsee			steigen		
____ Mittelmeer		____ Berg			
____ Insel		____ Zugspitze			

6. Radtour → KB 11/8

Ergänze die fehlenden Präpositionen. Du kannst im Programm der Tourteilnehmer nachsehen.

Die Radler treffen sich _____ Kreuzlingen _____ Bodensee.
Sie fahren _____ Rhein _____ .
Am fünften Tag machen sie eine Führung _____ Luzern.
Danach fahren sie _____ _____ Brünigpass _____ Brienz.
Am siebten Tag fahren sie _____ _____ Ufern des Brienzersees _____ und machen einen Besuch _____ Interlaken.

7. Interessante Wörter

Könnt ihr euch vorstellen, was ein *Stahlross* ist? Und ein *Drahtesel*?
Wie heißt das in der Schweiz? Was denkt ihr, woher kommt dieses Wort?

8. Tour-Programm

Wähle ein dir bekanntes Ausflugsziel aus und stelle es deinen Mitschülern vor. Zeichne auch einen Tourenplan.

Wo liegt es?
es liegt in der Nähe von ____ /bei ____
nicht weit von ____ entfernt
in einem idyllischen Tal
am Meer/an einem See
an einem Fluss/in den Bergen
auf dem Land
...

Wie kommt man dorthin?
am besten
　mit dem Fahrrad/dem Zug
　dem Bus/dem Auto/zu Fuß
　auf einem Wanderweg/Radweg
　auf der Landstraße/Autobahn
man fährt von ____ über ____ bis ____

AUSFLUGSZIELE

TOURENPLAN

Wie ist es dort?
fantastisch/schön/sonnig
erholsam/romantisch/ruhig
neblig/feucht/gute Luft
kalte/warme Seen
interessante Orte/tolle Aussicht
herrliche Landschaft
...

Was kann man dort machen?
wandern/Berg steigen/baden
in der Sonne liegen/sich erholen
Boot fahren/gut essen
Schlösser/Burgen/Museen besichtigen
Abenteuerurlaub machen
Sport treiben
...

9. Eine Kreuzfahrt

Stell dir vor, du hast eine Kreuzfahrt auf einem Ozeandampfer gewonnen.
Die ersten sieben Tage sind jetzt leider schon vorüber und du schreibst deiner deutschen Brieffreundin oder deinem deutschen Freund einen Brief, wie die bisherige Reise verlaufen ist und was noch vor euch liegt.

Liebe/r _____ ,

jetzt bist du sicher sprachlos, nicht? Ich in _____ ! Was ich hier mache? Nun, du wirst es kaum glauben. Ich war zufällig der 500 000. Besucher des Europark-Einkaufs- und Vergnügungszentrums und habe eine Kreuzfahrt auf einem riesigen Luxusschiff gewonnen.
...
...
Das Schiff startete also in _____ . Von dort fuhren wir _____ entlang. Den ersten längeren Landaufenthalt gab es in _____ . Dort haben wir _____ und ich _____ . Von dort _____ nach _____ .
...
Obwohl wir die meiste Zeit zusammen auf einem Schiff sind, habe ich noch viele Passagiere nicht kennen gelernt. Die meisten, die ich kenne, kommen aus _____ , einige aus _____ . Meistens bin ich mit _____ aus _____ und mit _____ aus _____ zusammen.
...
Morgen werden wir in _____ anlegen und uns _____ ansehen. Von dort werden wir nach _____ weiterfahren.
...

Viele herzliche Grüße von dieser tollen Reise

dein(e) _____

LEKTION 11

10. Setze die passende Präposition, und wenn nötig, den Artikel ein.

Zürich ist die größte Stadt _____ Schweiz. Zürich liegt zugleich _____ einem See, dem Zürchersee, und _____ einem Fluss, _____ Limmat. Die Limmat mündet _____ Aare. _____ Zürich kann man mit der Straßenbahn so gut wie alles erreichen. Aber auch viele Schiffe fahren _____ See und die Zürcher machen gern Ausflüge _____ Küsnacht oder _____ Thalwil. _____ See kann man auch baden oder _____ Ufer schöne Spaziergänge machen. _____ Zürich landen täglich unzählige Flugzeuge _____ Flughafen. _____ meisten europäischen Großstädten kann man direkt _____ Zürich fliegen. Wenn man _____ Stuttgart _____ Toronto fliegen will, kann man _____ Zürich fliegen.

11. Wie gut kennt ihr die Schweiz?

Macht mit Hilfe der Landkarte ein Quiz untereinander. Sammelt dazu zuerst Fragen:
- An welchem See/Fluss liegt _____?
- Wie heißt der/die/das höchste/größte _____?
- In welchem Teil spricht man _____?
- ...

12. Den Rucksack packen

a) Was braucht man alles für eine Radtour? Macht eine Liste.

b) Welche Funktion haben die Gegenstände auf eurer Liste? Wann oder wozu braucht man sie?
   Beispiel:
   Taschenlampe: Damit kann man die Tourenkarte auch im Dunkeln lesen.

13. Das verkehrssichere Fahrrad

Vorderradbremse • ~~weißer Frontrückstrahler~~ • Scheinwerfer • gelber Rückstrahler an Pedalen
Glocke • Dynamo • gelber Rückstrahler am Vorderrad und Hinterrad
roter Rückstrahler • rote Schlussleuchte • einwandfreie Reifen

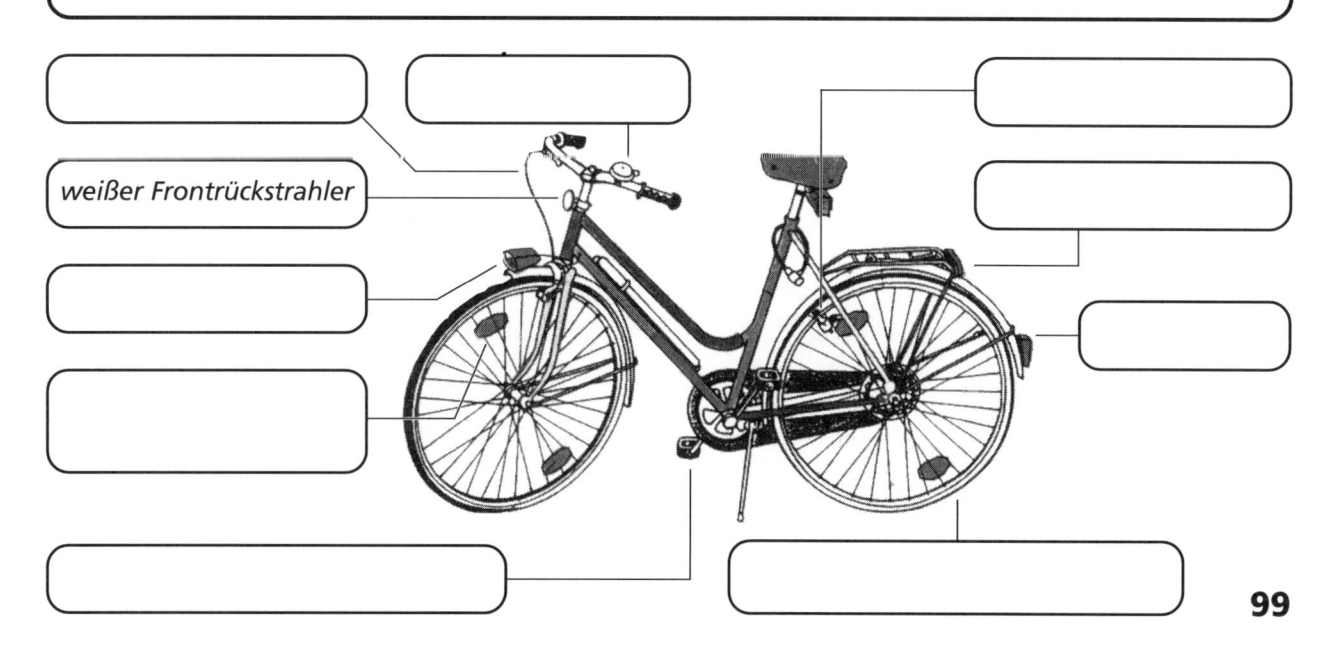

weißer Frontrückstrahler

14. Informationen einholen

Such dir unter den Anzeigen eine aus, die dich interessieren würde. Schreibe dazu einen Brief, in dem du Informationen zu deinen Reiseplänen anforderst.
Überlege dir zuerst, was du im Brief schreibst:
- Was interessiert dich näher an dem Angebot?
- Welche wichtigen Informationen musst du über dich selbst mitteilen?
- Welche Fragen möchtest du noch stellen?

Mir wäre es wichtig, Näheres über _____ zu erfahren, da ...
In Ihrer Anzeige bieten Sie für _____ _____ an.
Wäre es eventuell auch möglich, _____ zu erhalten / zu bekommen?
Ich bin zwar kein Anfänger mehr, aber ...
Ich möchte Sie (also) bitten,
      mir das Prospekt / Prospekte über _____ zu schicken.
      nähere Informationen zu _____ zu geben.
      die Reservation in _____ zu bestätigen.
      die Teilnahme an _____ zu ermöglichen, und ...
Ich hätte Interesse an _____ .
Mich hat _____ schon immer interessiert, aber ich _____ noch nie ...
Ich möchte gerne einen / eine / ein _____ buchen / reservieren.
Da ich regelmäßig _____ , brauche ich unbedingt ...
Könnten Sie vielleicht auch _____ ?
Ich wäre Ihnen sehr dankbar, wenn ...
Es würde mich sehr freuen, wenn ...

Den Brief kannst du so beginnen:

Ronald Petersen
Alsterweg 38 a
22305 Hamburg

An die Fallschirm-Sprungschule No.1
34379 Calden, Flugplatz 8

                                          Hamburg, den ...

Wochenend- und Ferienkurse

Sehr geehrte Damen und Herren,
ich habe Ihre Anzeige gelesen und ...

Mit freundlichen Grüßen

Deutschlands Fallschirm-Sprungschule No. 1
Wochenend- und Ferienkurse, Tandemspringen...
Aero-Fallschirm-Sport GmbH
Tel. 05674-4119+7672
Fax 05674-7145
34379 Calden
Flugplatz 8

Auf steigen zu einem einmaligem Erlebnis!
Springen Sie sich frei
Buchen Sie jetzt Ihren persönlichen Einstieg in die Faszination des Fallschirmspringens.
Information über:
Urlaubskurse und Passagier-Sprünge
ALBATROS
Tel.: 04195/890 + 1355
FALLSCHIRMSPORT-CENTRUM ALBATROS
FLUGPLATZ 24640 HASENMOOR

LEKTION 11

Sprachkurse

in Irland, USA, Kanada, Australien, Malta und anderen Ländern

- Intensiv- und Feriensprachkurse für Erwachsene
- Langzeit- und Examenskurse
- Schülersprachreisen
- High-School-Jahr in den USA, Frankreich und Australien

— the 'isi' way —

ISI Sprachreisen

Auskünfte und Broschüren:
ESI Sprach- und Studienreisen,
Hauptstraße 216,
53474 Bad Neuenahr, Tel. 0 26 41/23 31

Jugendgästehaus Wieden

Herbergseltern: P. Gügel-Schopp und F. Schopp, Oberwieden 16, 79695 Wieden, Tel. 07673/538, Fax 504

Im Schwarzwald, 1170 Meter hoch gelegen. 155 🛏, fünf Tagesräume, Partyraum. Skigebiet unmittelbar am Haus. An Silvester: Traditionelle Spezialitäten-Vesper, gemeinsame Feier. Neujahrsbrunch.
🚗: Unter-Münstertal, weiter mit Bus.

SEGELFLIEGEN

Fliegen lernen leicht gemacht ... ein Erlebnisurlaub!

Anfänger fliegen nach zwei Wochen alleine in Deutschlands größter Flugschule am Teutoburger Wald. JH Oerlinghausen 3 km entfernt.

Fordern Sie unser Programm an!

Segelflugschule Oerlinghausen
Flugplatz
33813 Oerlinghausen
Tel. (05202) 7901

SCHLESWIG-HOLSTEINS OSTSEE

Incl. „Gute Nacht"

Ob's stimmt, dass die einzigen Berge, die man in Schleswig-Holstein findet, die Jugendherberge ist? Übertrieben. Hier gibt's auch höhere Hügel. Aber das Höchste für alle, die für Hotels nichts übrig haben, sind nun mal unsere Jugendherbergen. Und die Wege von einer zur anderen sowieso. Wir informieren Sie gern.

Ostseebäderverband SH
23570 Lübeck-Travemünde
0 45 02 / 68 63 (Fax: 42 34)

von Natur aus sympathisch

Wir machen aus jedem Tief ein Hoch

100 Zeltmodelle,
100 verschiedene Rucksäcke,
100 Schlafsäcke für jeden Einsatzbereich.
Ausrüstungen für alle Frischluftfans.
Unser neues Globetrotter Handbuch* wartet auf Sie.

*Das Standardwerk für das Leben im Freien

Globetrotter Ausrüstung

Denart & Lechhart GmbH
Versand: Schimmelmannstr. 97, 22043 Hamburg
Telefon 0 40/65 44 03 33 · Telefax 0 40/65 44 03 71
Geschäfte: Wiesendamm 1 · 22305 Hamburg
Wilsdruffer Str. 3 · 01067 Dresden

WORTSCHATZ
Reisefieber

Checkliste für den Urlaub

die Reisedokumente besorgen:
    den Pass verlängern lassen
    ein Visum beantragen
eine Versicherung abschließen
für Unterkunft und Verpflegung sorgen
Geld wechseln
Prospekte, Broschüren, Stadtplan besorgen
die Fahrkarte lösen
Fenster schließen
_____
_____

Was nehme ich mit?

ein gutes Buch
Briefpapier, Schreibzeug
Adressbuch
Reiseapotheke
Walkman, Kassetten
Glücksbringer
Schokoriegel, Kaugummi, Apfel für unterwegs
Kartenspiel
Tagebuch
Zahnbürste, Zahnpasta
_____
_____
_____

Auf dem Flughafen

einchecken
die Passagiere abfertigen
die Pass- und Zollkontrolle
das Gepäck wiegen
das Handgepäck durchleuchten
in der Transithalle warten
mit der Bordkarte an Bord gehen
das Flugzeug fliegt ab / startet / landet
den Sicherheitsgurt anlegen
_____
_____

Auf dem Bahnhof

den Fahrplan studieren
sich am Informationsschalter nach den
    Abfahrts- und Ankunftszeiten erkundigen
der Zug kommt auf Gleis 8 an
der Zug fährt von Gleis 4 ab
sich von den Eltern verabschieden
den Freund vom Bahnhof abholen
der Zug hat 20 Minuten Verspätung
die Kurswagen nach _____ sind
    am Ende des Zuges
_____
_____

LEKTION 12

Wenn das Taschengeld nicht reicht

1. Berufe rund ums Alphabet

Sucht zu den Buchstaben des Alphabets Berufe. Ihr könnt auch das Wörterbuch zu Hilfe nehmen.

Architekt, Astronaut, …
Bibliothekar, Biologe, …
Clown, …
…
…
…
…
Nikolaus
…
…
…

2. Berufe und Tätigkeiten

a) Welche Berufe sind das?

Bibliothekarin
- Bücher aus dem Katalog heraussuchen
- neue Bücher in den Katalog aufnehmen
- Bücher ausleihen
- die Ausleihfrist bestimmen

_____
- Computerkenntnisse (Word, Excel)
- Briefe schreiben
- Telefongespräche weiterleiten
- Termine für den Chef ausmachen

_____
- Tische decken
- Bestellungen entgegennehmen
- Essen servieren
- schmutzige Teller und Gläser abräumen

_____
- Unterricht vorbereiten
- Hausaufgaben kontrollieren
- Klassenarbeiten und Tests korrigieren
- Erklärungen an die Tafel schreiben

_____
- Kleidungsstücke nach Größe ordnen
- Pullis nach Farbe ins Regal legen
- Preisschilder an die Kleider heften
- die Käufer beraten

_____
- sich mit dem Arzt beraten
- das Krankenblatt ausfüllen
- Spritzen geben und Fieber messen
- Medizin verteilen

b) Wähle jetzt selbst Berufe und schreibe zu jedem 4–5 dazugehörende Tätigkeiten.
c) Ihr könnt mit diesen Erklärungen auch einen Wettbewerb machen:
Bildet zwei Mannschaften. Lest der anderen Mannschaft eure Berufsbeschreibungen vor. Wer mehr Berufe erraten kann, gewinnt.

3. Ratespiel

Was sind wohl diese Leute von Beruf? (Der Anfangsbuchstabe ist jeweils hervorgehoben.)

- Erich **M**ekan ⟶ *Mechaniker*
- Helene **D**urritsch _____
- **B**en Triakkord _____
- **K**arin Tietch _____
- _____ _____

Ihr könnt aus verschiedenen Berufen ähnliche Namen „basteln".

4. Bewerbung für einen Ferienjob

Du liest folgende Anzeige in der Zeitung:

Für die Sommermonate Juli und August suchen wir **Küchenkräfte, Reinigungspersonal** und **Gruppenbetreuer** für Kinder von 8 bis 12.

Wir bieten:
- Unterkunft und Verpflegung
- Arbeitskleidung
- Angemessene Entlohnung
- Gutes Arbeitsklima

Anfragen und Informationen an: Kinderdorf „Ferientraum"
Eva Hoppe
Rennweg 7
80335 München

Du interessierst dich für einen der angebotenen Ferienjobs des Kinderdorfs und schreibst einen Brief. Ergänze die Lücken mit den Wörtern aus dem Kasten. Name, Adresse, Ort und Datum musst du selbst ergänzen.

> in einem Schlafsaal • an den Wochenenden • für die Arbeit als Gruppenbetreuer/in
> die ... -Schule in ... • einige Fragen • in einem Kindergarten • helfe • Spaß machen • vorstellen
> Kindern • Adresse • die Arbeitszeiten • die weiteren Informationen
> ein eigenes Zimmer • der monatliche Lohn

LEKTION 12

_____
_____
_____

_____, den _____

An das Kinderdorf „Ferientraum"
Rennweg 7
80335 München

Sehr geehrte Frau Hoppe,
ich habe Ihre Anzeige gelesen und interessiere mich _____
_____.
Zuerst möchte ich mich _____. Ich besuche _____
_____. Ich habe schon einige Erfahrung mit _____, da
meine Mutter _____ arbeitet und ich ihr oft dabei _____
_____.
Ich habe auch _____ zu Ihrer Anzeige.
Zuerst möchte ich gerne wissen, wie _____ sind, d.h. wann ich anfangen
muss und ob ich auch _____ arbeiten muss.
Außerdem interessiert mich, ob ich _____ habe oder ob ich mit den Kindern _____ untergebracht bin.
Zum Schluss würde ich noch gerne wissen, wie hoch _____ ist.
Es würde mir _____ in Ihrem Ferienlager zu arbeiten.
Bitte schicken Sie mir _____ an die oben angegebene _____
_____.

Mit freundlichen Grüßen

_____

5. Unterschiede → KB 108–110

Vergleicht die Tätigkeiten der Jugendlichen, über die ihr gelesen habt.

Überlegt euch:
- Welche Tätigkeiten sind schwer / leicht / anstrengend / interessant / langweilig …?
- Wer verdient viel / weniger / am meisten?
- Was ist eher ein Job / was ist auch ein Beruf?
- Wofür arbeiten sie?

6. Was bedeuten die Wörter?

Finde die Erklärungen.

1. Teilzeitjob
2. Zeitarbeit
3. Vollzeitjob
4. Pinnwand
5. Urlaubsvertretung
6. Praktikum

a) wenn ein Arbeitnehmer Urlaub macht, wird an seine Stelle so lange eine andere Person eingestellt
b) im Rahmen einer Ausbildung, außerhalb der Schule geleistete praktische Tätigkeit
c) Arbeit nur für einige Tage der Woche oder für einige Stunden des Tages
d) Arbeit mit voller Arbeitszeit
e) befristete Arbeit, die durch eine Vermittlungsfirma oder das Arbeitsamt vermittelt wird
f) Tafel für Bekanntmachungen

7. Zusammengesetzte Sätze → KB 113/10

a) **Hauptsatz + Hauptsatz**

Hauptsächlich Studenten arbeiten als Nikolaus, _aber_

| auch viele „normal Erwerbstätige" | **fänden** | ihren Spaß an den Hausbesuchen. |

Erst beim Ankommen stellen sich die Erwartungen an den Nikolaus heraus, _denn_

| es | **seien** | nicht immer die Kinder, |

die besucht werden wollen.

Der Nikolaus hat es nicht einfach. Er muss nämlich nicht nur möglichst pünktlich ankommen, _sondern_

| er | **darf** | bei seinem Besuch auch keine Fehler |

machen.

und
sondern
oder
denn
aber

Wie ist die Wortfolge nach diesen Konjunktionen? Formuliere eine Regel.

LEKTION 12

Der Nikolaus soll natürlich seine Rolle in jeder Hinsicht ernst nehmen, _deshalb_			
muss	jeder angehende Nikolaus	einen kurzen Vorbereitungskurs	besuchen.
Meine Eltern haben zwar für mich jedes Jahr einen anderen Nikolaus aus der Familie bestellt, _trotzdem_			
ist	es	einmal	passiert,

dass ich den besten Freund meines Vaters erkannt habe.

deshalb
darum
deswegen
trotzdem
dann
doch
…

In diesen Sätzen ist die Wortfolge anders. Kannst du den Unterschied erkennen?

b) Hauptsatz + Nebensatz

Die Mitarbeiter sind der Ansicht,			
dass	ein anspruchsvoller Nikolaus	an einem Abend höchstens 3–5 Familien	**besuchen kann.**
Bis	sie	fünf Jahre alt	**sind,**

glauben die Kinder wirklich, da sei jemand vom Himmel gekommen …

Sonst schauen die Kinder zum Fenster heraus, um nach dem Rentier-Schlitten zu gucken, und sind enttäuscht,			
wenn	man	hinterher ins Auto	**steigt.**

107

Im vergangenen Jahr hat ein junger Mann den Nikolaus-Job aufgegeben,			
weil	ein Kind	lautstark	**verkündet hatte:**
„Es gibt gar keinen Nikolaus".			
Damit	das Nikolaus-Kostüm	echt und nicht zusammengewürfelt	**aussieht,**
werden die Nikoläuse zu ihrer Kleidung von einem Fachmann beraten.			

weil	als
da	während
wenn	nachdem
ob	bevor
obwohl	W-Fragen
damit	…

Formuliere die Regel für die Wortfolge.

Relativsätze und Infinitivsätze weisen Besonderheiten auf.

Relativsätze:

Ich habe eine zu hohe Stimme, die muss ich verstellen, weiß Ivonne Schramm,			
die		als „Weihnachtsfrau" im vergangenen Jahr nur zufällig für einen Kollegen	**eingesprungen war.**
Angeblich soll ein Nikolaus,			
mit dem	die Kinder	so richtig zufrieden	**sein können,**
seine Schuhe mindestens einmal im Jahr putzen.			

Vergleiche die beiden Sätze. Womit lässt sich der Unterschied erklären?

108

LEKTION 12

Infinitivsätze:

Sonst schauen die Kinder zum Fenster heraus,			
_um_		nach dem Rentier-Schlitten	**zu gucken.**

Man kann auch als Nikolaus arbeiten,			
ohne		einen Schlitten	**zu haben.**

Was ist in diesem Fall anders?

8. Finde Begründungen.

Ich brauche einen/keinen Computer,
Ich will einen/keinen Hund,
Ich trage gern/nicht gern Jeans,
Ich fahre gern/nicht gern Fahrrad,
Ich gehe gern/nicht gern in die Disco,
                      ins Kino,
                      ins Theater,
Ich spiele gern/nicht gern Schach,
                      Fußball,
…

- weil
- denn
- deswegen
- um … zu …

Freunde treffen können
spielen
sich für _____ interessieren
Spaß machen
die Freizeit verbringen
zu viel Arbeit machen
an der frischen Luft sein
bequem/treu/klug/ _____ sein
…

9. Erinnerst du dich noch? → (KB 108–111)

a) Warum wollen die Jugendlichen in den Ferien arbeiten?

Anna: …, **weil/da** _____

Claudia: …, **denn** _____

Indra: …, **um** Geld _____ zu haben
       und **um** _____

b) Was für einen Job würden sie gern machen? Was nicht? Warum (nicht)?

Robin: …, **weil** _____

Marion: …, **denn** _____

10. Vor- und Nachteile

Wähle einige Ferienjobs aus der Lektion aus. Mach dir Notizen zu den Vor- und Nachteilen dieser Arbeiten und erzähle dann.

Arbeit	Nachteile	Vorteile
Briefträger	– muss früh aufstehen – … –	– ist auch früh mit der Arbeit fertig – …

Der Beruf des Briefträgers ist sehr anstrengend, da er jeden Tag früh aufstehen muss und …
Briefträger haben den ganzen Nachmittag frei, sie sind nämlich schon früh mit ihrer Arbeit fertig.

11. Ein Brief

Stell dir vor, dass du einen dieser Jobs in den Ferien gemacht hast und deswegen keine Zeit hattest, deine Freundin/deinen Freund zu treffen. Schreibe einen Brief an sie/ihn, in dem du über diese Arbeit berichtest.
Gehe dabei auf folgende Punkte ein:

- Wo hast du gearbeitet und was musstest du machen?
- Wie waren die Arbeitszeiten?
- Welchen Lohn hast du bekommen?
- Wie waren deine Arbeitskollegen, dein Chef?
- Wie hat dir der Job gefallen?
- Möchtest du nächstes Jahr wieder dort arbeiten?

12. Untersuche den Text.

a) Unterstreiche die Konjunktionen. Markiere das Prädikat und entscheide, um welchen Satztyp es geht.

Jürgen Münnich — ERZIEHER

Sie arbeiten als Erzieher in einem Kindergarten. Warum haben Sie diesen typischen Frauenberuf gewählt?

„Ich bin Erzieher geworden, weil ich mich mit Menschen beschäftigen wollte. Die Tätigkeit ist abwechslungsreich, und man kann selbständig arbeiten. Das gefiel mir. Dass es ein 'Frauenberuf' ist, hat mich nie gestört. Es ist mir eigentlich zum ersten Mal aufgefallen, als ich in die Fachschule kam. Dort war ich der einzige Mann in der Klasse. Das war erst ein komisches Gefühl. Aber ich habe mich mit meinen Kolleginnen immer gut verstanden."

Warum arbeiten nur so wenige Männer in Kindergärten?

„Von einem Mann verlangt man, dass er eine Familie ernähren kann. In meinem Beruf verdient man so wenig, dass das nicht möglich ist."

Wie sind Sie denn auf die Idee gekommen, Erzieher zu werden?

„Ich komme aus einer Lehrerfamilie, deshalb hatte ich mit dem Thema Erziehung schon früh zu tun. Aber ich wollte kein Lehrer werden, sondern ich hatte viele Berufswünsche: Fotograf, Buchhändler usw. Dann habe ich in meiner Freizeit eine Gruppe betreut. Das hat mir sehr viel Spaß gemacht, deshalb habe ich mich für den Erzieherberuf entschieden."

Wie sieht Ihr Tagesablauf aus?

„Morgens komme ich um 8.30 Uhr. Dann sind meistens alle Kinder meiner Gruppe in der Schule. Vormittags habe ich Zeit für Besprechungen mit meinen Kollegen und auch mit den Eltern der Kinder. Oder ich organisiere Spiele und Ausflüge. Ab und zu fahre ich in die Schule und spreche mit den Lehrern, die die Kinder meiner Gruppe unterrichten. Mittags gibt es Essen, danach betreue ich die Hausaufgaben. Dann machen wir Spiele, basteln oder turnen. Gegen 17.00 Uhr habe ich frei."

Wie reagieren denn die Kinder auf einen männlichen Erzieher?

„In meiner Ausbildungszeit waren viele Kinder sehr erstaunt, dass jetzt ein Mann ihr Erzieher ist. Aber ich habe gute Erfahrungen gemacht. Viele freuen sich, wenn ein Mann kommt. Sie denken: Jetzt können wir Fußball spielen und raufen. Das stimmt natürlich. Aber ich koche auch gerne mit meiner Gruppe. Die Kinder lernen dann, dass Männer ebenfalls die Küchenarbeit machen können. Ich möchte ihnen zeigen, dass heute die Rollen im Beruf und im Leben anders verteilt sind."

(JUMA)

b) Beende die Sätze.

Jürgen Münnich wollte sich mit Menschen beschäftigen, *deshalb* _____.
Der Beruf gefällt ihm, *weil* _____.
Er hat sich mit seinen Kolleginnen gut verstanden, *obwohl* _____.
Von seinem Beruf kann man keine Familie ernähren, *denn* _____.
Er hatte mit Erziehung schon früh zu tun, *weil* _____.
Er wollte Fotograf, Buchhändler usw. werden, *bevor* _____.
Herr Münnich kommt am Vormittag, *um* _____ *zu* _____.
Ab und zu fährt er in die Schule, *damit* _____.
Die Kinder spielen, basteln und turnen, *nachdem* _____.
Viele Kinder sind erstaunt, dass jetzt ein Mann ihr Erzieher ist. *Trotzdem* _____.

13. Fehlende Konjunktionen

Ergänze die Texte.

> und (3x) • was • der • darum • aber • wenn • weil

Ronny, 16, aus Irland:
Mir gefällt es hier total gut, vor allem die deutschen Mädchen. Ich arbeite während der Sommerferien für meinen Bruder, _____ hier in Frankfurt mit seinem Freund zusammen einen Irish Pub besitzt. Offiziell darf ich ja nicht an der Theke bedienen, _____ ich keine Arbeitsgenehmigung habe _____ wohl auch zu jung bin. _____ verschwinde ich manchmal in der Küche, _____ jemand ein Guinness bestellt _____ ein bisschen wie ein Polizist aussieht. Ich finde die meisten Deutschen lustig. Sie gehen gern in die Kneipe _____ auch die Mädchen sind ganz schön trinkfest. Manchmal flirtet ein ganzer Tisch mit mir, _____ mir dann peinlich ist, _____ irgendwie gefällt es mir auch.

> und (3x) • trotzdem • dass (2x) • weil (2x) • aber • was

Victoria, 21, aus der Ukraine:
Vor mir gab es schon acht Au-pairs in der Familie, dadurch ist einerseits vieles wunderbar geregelt: Ich hab' regelmäßig frei _____ kann in die Sprachschule gehen. _____ andererseits muss ich mich bemühen, _____ die beiden Kinder nicht Ola und Saskia zu mir sagen, _____ sie mit den ständig wechselnden Mädchen durcheinander kommen. Die beiden sind sieben und neun und ganz schön verwöhnt und unruhig, da muss ich schon fast ein bisschen streng sein, _____ sie sonst nur rumflippen. Die Familie ist ziemlich reich, _____ den Vorteil hat, _____ ich ein sehr schönes Zimmer habe _____ immer sehr fein gegessen wird. _____ vermisse ich unsere Küche zu Hause, da gibt es Fleisch und Knoblauch und Zwiebeln. Hier ist die Frau ganz auf Gesundheit bedacht. Sie joggt und reitet _____ möchte alles fettlos zubereitet haben, Nudeln, Gemüse und jeden Tag Salat. Ich glaube, ich werde hier nie satt.

14. Aufgabe für die anderen

Sucht einen Text und streicht die Konjunktionen. Die anderen müssen sie erraten.

WORTSCHATZ
Geld und Arbeit

Geld
- verdienen
- von den Eltern bekommen
- ausgeben für _____
- zum Fenster hinauswerfen
- sparen für _____
- wechseln
- vom Konto abheben
- auf das Konto einzahlen
- _____
- _____

Arbeit
- suchen
- finden
- geben
- vermitteln
- _____
- _____

ARBEITS-stelle
- -losigkeit
- -vertrag
- -platz
- -kollegen
- -zeit
- -amt
- -erlaubnis
- -kleidung
- -kraft
- _____
- _____
- _____

Büro-ARBEIT
- Vollzeit-
- Teilzeit-
- Fach-
- _____
- _____

ARBEIT-nehmer
- -geber
- -er
- _____
- _____

- einen Beruf erlernen
- eine Lehre machen

- ein Praktikum machen
- an der Universität studieren

- r Lehrling
- r Auszubildende
- r Praktikant
- r Student